Table of Contents

Nombre _____ Hora _____

Fecha _____ Core Practice **P–1**

Es bueno, son buenos

A. Write the plural of each of the following adjectives.

1. joven _____

2. simpático _____

3. guapa _____

4. inteligente _____

5. atrevida _____

B. Now, fill in the missing masculine or feminine form of each adjective.

M	F
trabajador _____	_____
_____	deportista _____
paciente _____	_____
_____	alta _____
viejo _____	_____

C. Now, write an adjective to describe the people in the drawings below. Follow the model.

Modelo _____*graciosos*_____

1. _____

2. _____

3. _____

4. _____

Para empezar

¿Cómo eres tú?

Somos así

A. Fill in the chart below for the verb **ser**.

	sois

B. Now, write complete sentences using the cues provided and the verb **ser**. Don't forget to make the adjective agree with the noun. Follow the model.

Modelo Juan / impaciente *Juan es impaciente* .

1. Isabel / inteligente _____ .

2. Sara y Ana / estudioso _____ .

3. la señora García / sociable _____ .

4. los estudiantes / serio _____ .

5. mi familia y yo / artístico _____ .

6. la chica / talentoso _____ .

7. nosotras / joven _____ .

8. tú / bajo _____ .

9. el profesor / gracioso _____ .

10. yo / reservado _____ .

Para empezar

Fecha _____

¿Cómo eres tú?

Explorar el mundo

Read the descriptions below and tell what each person's nationality is. Follow the model.

Modelo Felipe vive en Europa. Es de Madrid, España.

Es español _____ .

1. A ti te gusta la ciudad. Eres de Buenos Aires, Argentina.

   _____ .

2. Ramiro es de la capital de Puerto Rico.

   _____ .

3. Pedro y yo somos de la misma ciudad, Santo Domingo, en la República Dominicana.

   _____ .

4. Maricarmen y Elena son de Santiago, la capital de Chile.

   _____ .

5. No soy colombiano, soy de México.

   _____ .

6. Ana Lisette es de la Ciudad de Guatemala.

   _____ .

7. Luis y Ramón son de la Ciudad de Panamá.

   _____ .

8. Inés es de Perú, pero vive en Paraguay ahora.

   _____ .

9. Livan y yo vivimos en Miami, pero somos de Cuba.

   _____ .

10. Tú vives en los Estados Unidos, pero eres de Colombia.

    _____ .

11. Leydin es de la capital de Costa Rica.

    _____ .

12. Yo soy de San Antonio, Texas.

    _____ .

¿Qué haces?

El horario

A. Read as Anita describes her daily schedule. Fill in the present tense forms of the verbs in parentheses.

A las seis de la mañana yo _____ (correr) al parque. Mi familia

_____ (vivir) cerca del parque, entonces _____ (correr) sólo

tres kilómetros cada mañana. Cuando _____ (regresar) a mi casa, mi

familia y yo _____ (desayunar). Luego voy a la escuela.

Durante el día _____ (pasar) tiempo con mis amigos. Por la tarde

ellos _____ (practicar) deportes pero yo no. Soy miembro de una banda

musical con mi hermano. Él _____ (tocar) la guitarra y yo

_____ (cantar). Nosotros _____ (practicar) todos los días

después de las clases.

Por la noche yo _____ (escuchar) música o _____

(bailar) en mi cuarto. Mis padres _____ (leer) revistas o

_____ (ver) la tele, y mi hermano _____ (montar) en

monopatín con sus amigos.

B. Now, answer the following questions about your own daily activities.

1. ¿Vives cerca de un parque? ¿Corres al parque todos los días por la mañana?

   _____

   _____

2. ¿Pasas tiempo con tus amigos en la escuela? ¿Y después de las clases?

   _____

   _____

3. ¿Practicas deportes? ¿Cuáles deportes practicas? Si no practicas deportes, ¿qué más

   haces? _____

   _____

   _____

4. ¿Cuándo comes la cena con tu familia? ¿Y el desayuno?

   _____

   _____

5. ¿Adónde vas los fines de semana? ¿Qué haces allí? _____

   _____

Nombre _____ Hora _____

Capítulo 1A

Fecha _____ Core Practice **1A– A**

A ver si recuerdas...

¿Qué haces en la escuela?

A. Identify the items found in your classroom.

1. Hago mi tarea en la _____ .

2. La profesora abre la _____ .

3. Alicia mira el _____ para saber qué hora es.

4. No puedes escribir con este lápiz. Necesitas un _____ .

5. Me gustan los colores del _____ .

6. Para escribir bien, necesitas usar un _____ .

B. Read each description of school subjects below, and write which subject each one describes.

1. _____ Aprendemos sobre la computadora.

2. _____ Hay cuadros bonitos en los libros.

3. _____ Necesitan una calculadora.

4. _____ A Laura le gusta estudiar las plantas.

5. _____ Juan juega al tenis.

6. _____ Aprendemos de nuestro país y los países del mundo.

A ver si recuerdas...

¿Qué tienes que hacer?

A. Use an expression with the verb **tener** to tell about the following people using the information given. Follow the model.

Modelo   Martín / hacer la tarea   _Martín tiene que hacer la tarea_ .

1. Ellos / comer _____.

2. Tú / ir a la lección de piano _____.

3. Nosotros / ir a la escuela _____.

4. La profesora / enseñar la clase _____.

5. Yo / ir de compras _____.

6. Mis amigos / beber leche _____.

7. Elena y yo / usar la computadora _____.

B. Fill in the mini-conversations with the correct form of the verbs given.

1. (traer)

— ¿Adónde _____ (tú) esos pasteles?

— _____ estos pasteles a la mesa.

2. (hacer)

— ¿Qué _____ (tú) después de las clases?

— _____ la tarea después de las clases.

3. (poner)

— ¿Qué _____ (Uds.) en la mesa?

— _____ los tenedores, las cucharas y los cuchillos en la mesa.

4. (tener)

— ¿Cuántos años _____ (tú)?

— Yo _____ dieciséis años.

5. (poner)

— ¿Usted _____ la mesa por la mañana o por la tarde?

— _____ la mesa por la tarde.

¿Qué hacen los estudiantes?

A. Use the pictures to figure out what each student brings to class.

1. Emilio trae _____ .

2. La profesora trae _____ .

3. Yo traigo mi _____ .

4. Tú traes _____ .

5. Los estudiantes traen todos _____
para la clase.

B. Now, write the phrase that corresponds to what students do during the school day.
Follow the model.

Modelo   *(Los estudiantes) aprenden de memoria el vocabulario* .

1. _____

2. _____

3. _____

4. _____

5. _____

Las reglas

A. Complete the following rules with **hay que** or **se prohíbe** to show your teacher that you know what is expected of you.

1. _____ almorzar en la sala de clase.

2. _____ respetar a los demás.

3. _____ entregar la tarea a tiempo.

4. _____ ir al armario durante las clases.

5. _____ contestar las preguntas del profesor.

B. Fill in the blanks below with words from the bank.

aprendieron	discutir	asientos	palabra
entiendo	explicar	repetir	empieza

Son las dos y media de la tarde y los estudiantes entran en la clase. Todos pasan a sus

_____ *. La clase* _____ *.*

PROFESOR: ¡Buenas tardes! Hoy vamos a hablar del poeta José Martí. Quiero

_____ su obra *Versos sencillos.*

ROSANA: Profesor, no _____ este poema. Es difícil.

VÍCTOR: Estoy de acuerdo. ¿Usted puede _____ qué quiere decir?

PROFESOR: ¿Ustedes no _____ el poema de memoria?

ROSANA: No, profesor, es muy difícil de entender.

PROFESOR: Entonces vamos a _____ cada _____ todos

los días para que ustedes aprendan todo de memoria.

ESTUDIANTES: ¡Uf!

PROFESOR: A ver... "Yo soy un hombre sincero..."

¿Qué tienes que hacer?

A. Your teacher is telling you about good and bad ways to behave in the classroom. Complete his thought with words from your vocabulary. Each dash represents a letter of the word.

1. Los chicos deben ___ ___ ___ ___ ___ e ___ r al profesor como el Sr. Ríos.
   13 18 3 18 13 12 4

2. Los estudiantes malos siempre llegan ___ ___ r ___ ___ e a la clase.
   2 6 4 9 12

3. Si un estudiante quiere ir al ___ r ___ ___ ___ r ___ ___ , le digo que no.
   6 4 11 6 4 10 18

4. Se ___ r ___ ___ í ___ e ir al armario durante la clase.
   14 4 18 17 29 15 12

5. ___ ___ ___ ___ e tiene el libro. ¿Por qué?
   3 6 9 10 12

6. Hay que estar en el ___ ___ ___ e ___ ___ ___ cuando la clase empieza.
   6 1 10 12 3 2 18

7. Para la clase de español, tenemos que ir al

   ___ ___ b ___ r ___ ___ ___ r ___ ___ cada semana.
   5 6 15 18 4 6 2 18 4 10 18

8. Esteban, ¿quiere Ud. dar un d ___ ___ ___ ___ ___ r ___ ___ sobre las reglas de la clase?
   9 10 1 13 20 4 1 18

9. Cada semestre Uds. tienen que hacer un ___ r ___ ___ e ___ ___ ___ para
   14 4 18 19 12 13 2 18

   esta clase, como un informe o un discurso.

B. Now, using the coded letters from above, fill in the blanks to reveal another rule of the class.

" ___ ___ ___ q ___ ___ ___ ___ ___ ___ ___ ___ ___ ___
  17 6 19 26 20 12 14 4 12 1 2 6 4 5 12

___ ___ ___ ___ ___ ___ ó ___ ___ ___ ___ ___ f ___ ___ ___ . "
6 2 12 3 13 10 30 3 6 5 14 4 18 22 12 1 18 4

La estudiante ideal

Read the following progress reports of two students in the same class, then answer the questions below.

Elena Educada

- siempre le presta atención al profesor
- siempre llega a tiempo y está en su asiento cuando la clase empieza
- saca una "A" en todos los proyectos y exámenes
- siempre entrega la tarea a tiempo

Teresa Traviesa

- siempre está jugando y no prestando atención en la clase
- siempre llega tarde a clase
- saca malas notas en los exámenes y no hace ningún proyecto
- nunca entrega la tarea

---

1. ¿Cuál estudiante saca mejores notas?

_____.

2. En tu opinión, ¿cuál estudiante contesta más preguntas en clase?

_____.

3. En tu opinión, ¿cuál estudiante conoce bien las reglas de la clase?

_____.

4. Si la clase empieza a las nueve ¿quién está en su asiento a las nueve y quién llega a las nueve y cinco?

_____.

5. En tu opinión, ¿quién es la mejor estudiante? ¿Por qué?

_____

_____.

En la escuela hoy

Complete these sentences by choosing the correct verb in parentheses and writing the appropriate form in the space provided.

1. (repetir / pedir)   Yo _____ la palabra.

2. (querer / almorzar)   Uds. _____ en la sala de clases.

3. (jugar / entender)   ¿Tú no _____ la lección?

4. (preferir / servir)   María _____ llegar tarde hoy.

5. (dormir / servir)   Ellos _____ unas galletas.

6. (jugar / dormir)   Ud. _____ al fútbol americano.

7. (empezar / almorzar)   Yo _____ el informe.

8. (pensar / entender)   Tú _____ entregar la tarea mañana.

9. (pedir / entender)   Los estudiantes _____ ayuda después de la clase.

10. (costar / dormir)   Nosotros _____ en la sala de clases.

11. (costar / repetir)   ¿Cuánto _____ las tijeras?

12. (servir / querer)   Yo _____ jugar al golf con ustedes.

Algunos, sí

A. Add the correct form of **ninguno** or **alguno** to complete these sentences.

1. Hoy no tengo _____ clase.

2. Él no trae _____ grapadora.

3. Esta semana no hacemos _____ proyecto.

4. _____ chicos quieren hacer una pregunta cada día.

5. Felipe sabe _____ reglas, pero no todas.

6. — ¿Hay un profesor aquí?

   — No, no hay _____ .

7. — ¿María Rosa entrega todas la tareas?

   — No, pero entrega _____ .

8. Vamos a escuchar _____ discurso.

B. Rewrite the sentences in the negative using negative words. Follow the model.

Modelo   Alguien llega. *No llega nadie.* _____

1. Alguien va al laboratorio. _____

2. Ella presta atención también. _____

3. Aprenden algo de memoria. _____

4. Hay algunas sillas en la sala. _____

5. Siempre llevas el carnet de identidad. _____

¡Qué problemas en la escuela!

Write out each sentence below to tell about problems in school. Follow the model.

Modelo   Carlos / entender / nada
Carlos no entiende nada. _____

1. los estudiantes / pedir ayuda / nunca

   _____

2. yo / querer hacer el proyecto / nunca

   _____

3. tú / querer hacer el proyecto / tampoco

   _____

4. nosotros / dar un discurso / ningún

   _____

5. el profesor / repetir las instrucciones / nunca

   _____

6. los estudiantes / llegar tarde / siempre

   _____

7. la profesora / conocer / estudiante de la clase / ningún

   _____

8. alguien / ir al armario / cada dos minutos

   _____

9. mis amigos y yo / almorzar en la clase / siempre

   _____

10. tú / traer los materiales a clase / nunca

    _____

Repaso

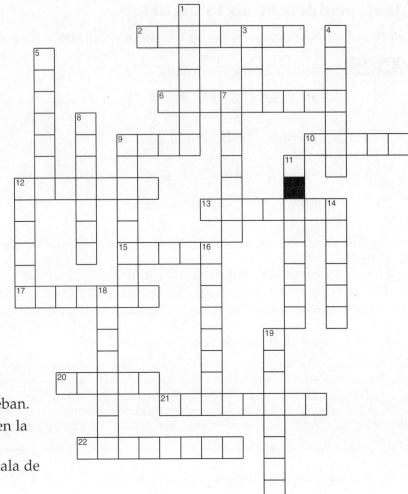

Horizontal

2. Ningún estudiante ___ la pregunta.

6. la ___

9. Raquel ___ ayuda si no entiende algo.

10. ¿Tienes la ___ adhesiva?

12. Uds. me ___ como Esteban.

13. Hay que ___ atención en la clase.

15. —¿Hay alguien en la sala de clases?
—No, no hay ___.

17. Corto la hoja de papel con las ___.

20. El estudiante malo ___ tarde a la clase.

21. El profesor da un ___ sobre la tecnología.

22. *project*

Vertical

1. Hay que escribir un ___ sobre el arte.

3. Pedro ___ una buena nota.

4. Se prohíbe ir al ___.

5. el ___

7. Repetimos la ___ para aprenderla.

8. Tenemos que aprender las cosas de ___.

9. La estudiante quiere hacer una ___.

11. no tarde

12. Busco mi ___ de identidad.

14. *rules*

16. No entiendo. ¿Tú me ___ otra vez?

18. Es importante ___ a la profesora.

19. Hay que ___ la tarea a tiempo.

14 *Repaso del capítulo* — *Crucigrama*

Organizer

I. Vocabulary

Materials

_____

_____

_____

_____

Activities in the classroom

_____

_____

_____

_____

Rules: **Hay que**

_____

_____

_____

_____

Se prohíbe

_____

_____

_____

_____

II. Grammar

1. Give the present tense forms of these verbs

poder		**pedir**	
_____	_____	_____	_____
_____	_____	_____	_____
_____	_____	_____	_____

2. Make a list of five negative words. What are their affirmative counterparts?

Negative Words	**Affirmative Words**
1. _____	_____
2. _____	_____
3. _____	_____
4. _____	_____
5. _____	_____

Nombre _____   Hora _____

Capítulo 1B   Fecha _____   Core Practice **1B–A**

A ver si recuerdas...

¿Qué quieren hacer después de la escuela?

Add the missing infinitives to tell what these people want to do after school and where they want to go by using the art as clues. Follow the model.

Modelo   Yo quiero _____*leer*_____ un libro en

la _____*biblioteca*_____.

1.   Mis amigos quieren _____ al béisbol en

el _____.

2.   Teresa quiere _____ la computadora

en _____.

3.   Mi hermana quiere _____ la guitarra en

un _____.

4.   Tú quieres _____ pesas en

el _____.

5.   Uds. quieren _____ como voluntarios para

la _____.

6.   Elena quiere _____ tiempo con los amigos en

el _____.

7.   Nosotros queremos _____ de

compras al _____.

Nombre _____   Hora _____

Capítulo 1B   Fecha _____   Core Practice **1B–B**

A ver si recuerdas...

¿Adónde van ustedes?

A. Tell where these people are going by completing each of the following sentences with the correct form of the verb **ir**.

1. Mis padres _____ a la iglesia.
2. Yo _____ a casa.
3. Los niños _____ al parque.
4. Tú _____ a la biblioteca.

5. Mi abuela _____ al centro comercial.
6. Luis _____ a la piscina.
7. Alicia y yo _____ al restaurante.
8. Ud. _____ al trabajo.

B. Answer the following questions in complete sentences, using the art to help you.

1. ¿Qué van a hacer Uds. después de las clases?

_____.

2. ¿Qué vas a hacer este fin de semana?

_____.

3. ¿Qué van a hacer tus amigos en el parque?

_____.

4. ¿Qué va a hacer el niño esta noche?

_____.

5. ¿Qué vas a hacer con tus amigos esta tarde?

_____.

¿Qué quieres ser?

A. Look at the drawings below and say what each person wants to do as an extracurricular activity.

1. A Tomás le gusta _____ .

   Quiere ser miembro del club de _____ .

2. A Mariana le gusta _____ .

   Quiere hacer _____ .

3. A Manolo le gusta _____ .

   Quiere ser miembro del equipo de _____ .

4. A Susana le gusta _____ .

   Quiere ser miembro del club de _____ .

5. A Plácido le gusta _____ .

   Quiere ser miembro de la _____ .

B. Look at the drawings and tell what each of these students is.

1. Juan es _____ .

2. Marta es _____ .

3. Luis y Patricia son _____ .

4. Claudia es _____ .

5. Laura y Angélica son _____ .

Después de las clases

Angélica and Lola are talking about extracurricular activities. Complete their conversation with words from the word bank.

sé	participas	vuelvo
artes	asistir	equipo
crear	reunión	piscina
oportunidad		

LOLA: Hoy a las tres hay una _____ del club de computadoras. ¿Quieres

_____?

ALICIA: Lo siento, pero no puedo. Hoy después de las clases _____ a casa

para hacer la tarea.

LOLA: ¡Qué lástima!

ALICIA: Sí, porque me gustan mucho las computadoras. Quiero aprender a

_____ una página Web.

LOLA: ¿En qué actividades extracurriculares _____ tú?

ALICIA: Soy miembro del _____ de natación. ¿Y tú?

LOLA: Practico el karate. Me gustan mucho las _____ marciales. Yo no

_____ nadar muy bien.

ALICIA: Tengo una idea. ¿Por qué no vienes a la _____ conmigo el sábado?

Yo te enseño.

LOLA: ¡Qué buena idea! Es la _____ perfecta de empezar a nadar bien.

¡Hasta el sábado!

Nuestra actividades

Write the logical conclusion to each of these statements about students' interests and activities by selecting expressions from the word bank.

toma lecciones de guitarra	es miembro del equipo de vóleibol
ensaya hoy	gana un premio
vuelve a casa	graba canciones
tiene interés en el karate	canta en el coro
hace una búsqueda	es animador

1. A Carlos le gustan las artes marciales. Por eso, _____

   _____.

2. A Isabel le gusta tocar música. Por eso, _____

   _____.

3. La banda tiene un concierto mañana. Por eso, _____

   _____.

4. Ricardo tiene una voz muy bonita. Por eso, _____

   _____.

5. A Rosa le gustan los deportes. Por eso, _____

   _____.

6. Felipe es el mejor jugador de la liga. Por eso, _____

   _____.

7. Samuel tiene mucha tarea hoy. Por eso, _____

   _____.

8. A Carmen le gusta escuchar música. Por eso, _____

   _____.

Nombre _____ Hora _____

Capítulo 1B

Fecha _____ Core Practice **1B–4**

Estos estudiantes hacen muchas cosas

Look at the sign-up list for school clubs. Based on their descriptions, which club do you think each student will sign up for? Follow the model.

LA FERIA DE CLUBES

Modelo A Ana le gusta tocar el piano.

Ana quiere ser miembro de la orquesta.

1. Pedro es deportista y le gusta patinar.

_____

2. A Paulina le gusta jugar a los bolos.

_____

3. A Héctor le gusta el ajedrez.

_____

4. A Lourdes le gusta sacar fotos.

_____

5. Iván es un buen músico.

_____

6. Tina es animadora y quiere hacer algo similar.

_____

Las actividades en nuestra escuela

José Luis is explaining things about the school to a new student. Use comparisons with **tan ... como** or **tanto(a) ... como** to find out what he says. Follow the models.

Model   el karate / ser popular / el ajedrez
El karate es tan popular como el ajedrez.

clubes / hay en nuestra escuela/ equipos
Hay tantos clubes en nuestra escuela como equipos.

1. el club de ajedrez / tener reuniones / el club de computadoras

   _____

2. la natación / ser popular / el hockey

   _____

3. los miembros de la banda / ser talentoso / los miembros del coro

   _____

4. el periódico de la escuela / tener fotógrafas / fotógrafos

   _____

5. la música de la banda / ser bonita / la música de la orquesta

   _____

6. la orquesta / tener músicos / la banda

   _____

7. la cantante / cantar canciones / el cantante

   _____

¿Sabes a quién conozco?

Ramón wants to join the school band but doesn't know the director. Complete the following conversation between Ramón and Susana with the correct forms of **saber** and **conocer** to find out who the director is.

Ramón _____ *tocar el piano. Él quiere ser miembro de la banda, pero no*

_____ *al director. Decide hablar con su amiga Susana.*

RAMÓN: Oye, Susana, ¿_____ quién es el director de la banda?

SUSANA: Sí, _____ quién es. Es la profesora Durán. La _____

muy bien.

RAMÓN: ¿Tú _____ si necesitan más miembros en la banda?

SUSANA: ¿Por qué? ¿Quieres ser miembro de la banda? ¿Qué instrumento

_____ tocar?

RAMÓN: Toco el piano. Mi amigo Paco y yo _____ la música de los

artistas principales de la música clásica.

SUSANA: Fantástico. En la banda ahora nadie _____ tocar el piano.

Ustedes _____ a varios miembros de la banda, ¿verdad?

RAMÓN: Sí, _____ a Miguel y a Rosa María. Gracias, Susana. Voy a

buscar a la profesora Durán.

Parece que fue ayer...

You are reporting for your school on the activities of various students. Fill in the following question and answer sessions using the clues given. Follow the models.

Modelo   jugar al golf / Carmen, ¿_*cuánto tiempo hace que juegas al golf*_____?

Hace cinco años que juego al golf.

tres años / Sergio, ¿cuánto tiempo hace que estudias inglés?
_*Hace tres años que estudio inglés*_____.

1. jugar al ajedrez / Juan, ¿_____?

Hace cinco años que juego al ajedrez contigo.

2. ocho meses / Julia y Carlos, ¿cuánto tiempo hace que usan la computadora?

_____.

3. un año / Edgardo, ¿cuánto tiempo hace que eres miembro del equipo de básquetbol?

_____.

4. tomar lecciones de piano / Elisa, ¿_____?

Hace cuatro años que tomo lecciones de piano.

5. seis meses / Muchachos, ¿cuánto tiempo hace que trabajan en la tienda de electrodomésticos?

_____.

6. cantar en el coro / Andrea, ¿_____?

Hace dos días que canto en el coro.

7. una semana / Jacinta y Jasmín, ¿cuánto tiempo hace que ustedes van al ensayo para la orquesta?

_____.

Repaso

Horizontal ―――――――

4. _____ el ____

5. personas que aún no han llegado a la edad adulta

6. jugador que participa en un equipo

8. Me gusta ____ en los deportes.

12. Pedro ____ mucho dinero.

15. *photographer (m.)*

17. los ____ de chat

19. muchacha que baila

20. _____ la ____

Vertical ―――――――

1. grupo de jugadores

2. *voice*

3. _____ la ____

4. persona que canta

7. *search*

9. _____ el ____

10. explorar la Red

11. palabras y música que se cantan

13. ir a una reunión

14. chico que toca un instrumento

16. regresar

18. practicar (en la banda)

19. _____ los ____

Organizer

I. Vocabulary

People who participate in activities	Activities
_____	_____
_____	_____
_____	_____
_____	_____
_____	_____

Computer and Internet vocabulary

_____	_____
_____	_____
_____	_____

II. Grammar

1. To compare things or people that are equal to one another, you use

   _____ + adjective + _____ .

   To say *as much as* or *as many as*, you use _____ + noun +

   _____ .

2. Use the verb _____ to talk about information or activities that you

   know. Use the verb _____ to talk about familiarity with people,

   places, or things.

3. The present tense forms of **saber** are: The present tense forms of **conocer** are:

   _____ _____   _____ _____

   _____ _____   _____ _____

   _____ _____   _____ _____

4. To ask how long something has been going on, say:

   _____

5. To tell how long something has been going on, say:

   _____

Nombre _____ Hora _____

Capítulo 2A

Fecha _____ Core Practice **2A–A**

A ver si recuerdas...

¿Qué ropa llevamos?

A. Use the pictures as cues and decide what article of clothing is appropriate for each event or description.

1. Cuando Elena va a la playa, lleva _____.

2. Cuando corro, llevo _____.

3. Cuando Carlos va a un baile formal, lleva

_____ y _____.

4. Cuando hace calor, llevo _____ y

_____.

5. Cuando esquío, llevo _____ y

_____.

B. Now, write the part(s) of the body that corresponds to each article of clothing worn.

1. _____ A Juan le gustan los jeans.

2. _____ Carlota lleva una camiseta hoy.

3. _____ Los niños necesitan guantes.

4. _____ Llevamos gorra.

5. _____ Los niños deben llevar calcetines.

6. _____ Llevas suéter.

Capítulo 2A

A ver si recuerdas...

Van a invitarnos

A. Read the following conversations and change the underlined verbs to their correct form.

— ¿Puedes (1) _vas_ al cine con nosotros esta noche?

— Lo siento, pero no puedo. Necesito (2) _arreglo_ mi dormitorio.

— ¿Te gustaría (3) _cenamos_ con nosotros?

— Sí, pero no puedo. Voy a (4) _coméis_ en el restaurante con mi familia.

— ¿Quieres (5) _voy_ al partido de fútbol conmigo?

— No, no puedo. Tengo que (6) _trabajas_ .

— ¿Qué debes (7) _haces_ para (8) _mantiene_ la salud?

— Debo (9) _como_ bien y (10) _hago_ ejercicios cada día.

1. _____
2. _____
3. _____
4. _____
5. _____
6. _____
7. _____
8. _____
9. _____
10. _____

B. Fill in the blanks of the questions with the appropriate missing words in their correct forms.

1. ¿Qué _____ hacer Uds. este fin de semana?

   Tenemos que trabajar en la casa de nuestros tíos.

2. ¿Qué _____ para poder jugar al golf?

   Necesitas un palo de golf y unas pelotas.

3. ¿Qué _____ hacer tus padres si no estás en casa a las once?

   Mis padres van a estar enojados.

4. ¿ _____ jugar al béisbol mañana?

   Lo siento, pero no puedo. Necesito trabajar.

5. ¿A qué hora _____ estar en casa?

   Debes estar en casa a las seis.

¿Qué hace por la mañana?

A. Help Alicia describe what she does each morning as part of her daily routine by filling in the missing words.

1. Me _____ a las ocho. ¡Pero siempre quiero dormir más!

2. Me _____ de la cama.

3. Me _____ los dientes.

4. Me _____. No paso mucho tiempo en la ducha.

5. Me _____ el pelo con el secador.

6. Luego me _____ el pelo con el gel.

7. Me _____. Quiero llevar una blusa y falda hoy.

8. Me _____ agua de colonia.

B. Read the clues below. Then, write the vocabulary word that best fits each description.

1. Otra manera de decir "ponerse ropa"   _____

2. No es después de   _____

3. Es sinónimo de "usar una toalla"   _____

4. Donde vas para cortarte el pelo   _____

5. El antónimo de levantarse de la cama   _____

6. Las joyas pueden ser de oro o de esto   _____

Nombre _____   Hora _____

Una conversación

Nidia and Diana are getting ready for their dates. Complete their conversation logically.

NIDIA: Tengo una <u>c</u> __ __ __ con Vicente esta noche. Vamos a un baile formal y

elegante.

DIANA: Y yo salgo con mi novio Ramón. Vamos al cine. ¿Qué vas a llevar?

NIDIA: Mi vestido azul y unas <u>j</u> __ <u>y</u> __ __ como aretes y un collar.

Me encantan los bailes __ __ __ <u>g</u> __ __ __ <u>e</u> __ .

DIANA: Ahora __ <u>e</u> <u>d</u> <u>u</u> __ __ . Luego <u>m</u> __ <u>p</u> __ __ __ __ las uñas.

NIDIA: Yo también debo __ __ __ __ <u>r</u> me la cara y después, secarme el pelo con el

__ __ __ <u>a</u> __ __ __ . ¿Sabes dónde está?

DIANA: Aquí está. ¿Puedo pedir <u>p</u> __ __ __ __ __ __ __ <u>s</u> tus aretes de oro?

NIDIA: Ay chica, yo necesito esos aretes esta noche.

DIANA: Bueno, yo llevo mis aretes de __ __ __ <u>t</u> __ entonces y mi collar.

NIDIA: De acuerdo.

Tenemos que salir

One of your friends is having a big party. Look at the drawings and write what each person has to do to get ready for the party. Follow the model.

 Modelo Maricarmen: *Tiene que lavarse el pelo* _____.

 1. Paquita: _____.

 2. Daniel: _____.

 3. Raúl: _____.

 4. Rafaelito: _____.

 5. Frida: _____.

 6. Amelia: _____.

 7. José: _____.

 8. Diego: _____.

Más vocabulario

Answer the following questions in complete sentences based on the pictures provided.

1. ¿Los muchachos están tranquilos o nerviosos?

_____

2. ¿El muchacho se pone gel o agua de colonia?

_____

3. ¿Qué hay que hacer para estar en la obra de teatro?

_____

4. ¿Dónde se pone el maquillaje la muchacha?

_____

5. ¿Está cómodo el muchacho?

_____

6. ¿Qué vas a hacer para prepararte?

_____

7. ¿Qué llevas con los pantalones?

_____

8. ¿Vas a un evento especial?

_____

Uno sí, el otro no

Your mother has just gotten home from work, and she wants to know what everyone is up to. Tell her each time that the person she asks about is NOT doing the activity mentioned. Follow the model.

Modelo   Paula se baña. ¿Y los niños?

No, los niños no se bañan. _____

1. Las niñas se acuestan. ¿Y Carla?

   _____

2. Yo me ducho. ¿Y ustedes?

   _____

3. Juana se pinta las uñas. ¿Y las otras chicas?

   _____

4. Lorenzo se cepilla los dientes ahora. ¿Y tú?

   _____

5. Tú te levantas. ¿Y nosotros?

   _____

6. Carlos se despierta temprano. ¿Y usted?

   _____

7. Alicia se corta el pelo. ¿Y yo?

   _____

8. Nosotros nos vestimos. ¿Y Paco?

   _____

Capítulo 2A   Fecha _____   Core Practice **2A–6**

En el teatro

A. Complete the following sentences with the correct form of the present tense of the verb **ser** or **estar**.

1. Tomás y Raúl _____ actores.

2. Raúl no _____ muy entusiasmado.

3. Tú no _____ muy interesante.

4. Parece que Tomás _____ cómodo.

5. ¿Por qué _____ Ud. tan nervioso? Yo _____ tranquilo.

6. La boda _____ un evento especial para todos.

7. Las joyas _____ aquí, en mi dormitorio.

8. Nosotros _____ de España.

B. Now, write complete sentences from the elements given, using the verb **ser** or **estar** as appropriate.

1. este peine / de Raúl

   _____.

2. el baile / elegante

   _____.

3. yo / en el baño

   _____.

4. nosotros / contentos

   _____.

5. los actores / nerviosos

   _____.

6. la obra / cómica

   _____.

¡Mamá mía!

A. Rewrite each of these possessive phrases using the long form of possessive adjectives. Follow the model.

Modelo   su boda → *la boda suya* _____

1. mi chaqueta

   _____

2. nuestras joyas

   _____

3. tu toalla

   _____

4. su ropa

   _____

5. mi cepillo

   _____

6. tus zapatos

   _____

7. su sudadera

   _____

8. nuestros anteojos

   _____

9. mis botas

   _____

10. tus calcetines

    _____

B. Now, create sentences contrasting the elements given. Use the long form of possessive adjectives. Follow the model.

Modelo   mi chaqueta / roja ~ tu chaqueta / negra
   La chaqueta mía es roja, pero la chaqueta tuya es negra _____.

1. nuestro libro / aburrido ~ su libro / interesante

   _____.

2. tu fotografía / bonita ~ nuestra fotografía / fea

   _____.

3. tu casa / grande ~ mi casa / pequeña

   _____.

4. mis joyas / de plata ~ sus joyas / de oro

   _____.

5. nuestros amigos / de México ~ tus amigos / de Costa Rica

   _____.

Repaso

Horizontal

2. Marta se pinta ___ uñas.

4. Paco usa ___ en el pelo.

7. Necesito llevar un ___ con mis pantalones.

8. Es un evento ___.

11. Me seco el pelo con el ___.

12. *wedding*

14. Me ___ a las siete de la mañana.

16. Nos ___ antes de ponernos el agua de colonia.

18. Ellos ___ a una audición.

22. Rita se pone el ___ antes de salir.

23. Tiene que ___ antes de las once.

25. Lleva una ___ de oro.

Vertical

1. Necesito un vestido para el baile ___.

2. *then*

3. ¿Lorenzo se ___ o se baña?

5. Me ___ los dientes.

6. Jorge y Laura tienen una ___ esta tarde al cine.

9. Los niños se ___ las manos.

10. ¿Te ___ el abrigo hoy?

11. Voy al ___ de belleza.

13. Me ___ el pelo todos los meses.

15. Me encantan estos aretes de ___.

17. ¿Son ___ estas toallas? No son mías.

19. Te ___ bien, Graciela.

20. Para arreglarme el pelo necesito un ___.

21. *contest*

24. Juan se ___ por la mañana.

Organizer

I. Vocabulary

Verbs that express one's daily routine   Words used to describe fixing one's hair

_____   _____

_____   _____

_____   _____

_____   _____

_____   _____

Words for events

_____   _____

_____   _____

II. Grammar

1. To say that you do something to or for yourself, you use a _____ verb.

2. A verb of this type is **lavarse.** Its forms are:

   (yo) _____   (nosotros) _____

   (tú) _____   (vosotros) _____

   (Ud., él, ella) _____   (Uds., ellos, ellas) _____

3. Would you use **ser** or **estar** for each of these purposes? Circle the right verb.

To talk about what a person or thing is or is like	ser	estar
To talk about how a person feels	ser	estar
To talk about to whom something belongs	ser	estar
To talk about what a thing is made of	ser	estar
To talk about where a person or thing is located	ser	estar
To talk about where a person or thing is from	ser	estar

4. The long forms of the possessive adjectives are:

   _____   _____

   _____   _____

   _____

A ver si recuerdas...

¿Qué es?

A. Complete the sentences by writing the word that corresponds to each picture in the space provided.

1.

Jorge compra cosas baratas en la _____ .

2.

Elena no sabe si tiene bastante dinero para _____ los aretes.

3.

Paco y Lidia compran _____ para su hermano.

4.

Las chicas pasan la tarde en el _____ .

5.   Los señores Vargas buscan cosas para la casa en la tienda de

_____ .

6.

A Paco le gustan mucho los _____ .

7.

Sara busca zapatos baratos en la _____ .

Capítulo 2B

A ver si recuerdas...

¿De qué color es?

A. When unscrambled, each set of letters names a color. Unscramble each one to find out the color of the item mentioned.

1.	la cartera	_____	o n r a m r
2.	el bolso	_____	g o n r e
3.	las flores	_____	a i a s ll m a r
4.	la mochila	_____	e d v r e
5.	los teléfonos	_____	i s r s g e
6.	la pared	_____	a c l n b a

B. Use the cues below to tell what each person is buying at the mall. Follow the model.

Modelo   María / 5 / bolso

María compra cinco bolsos _____ .

1. Roberto y Felipe / 10 / collar

_____ .

2. yo / 50 / discos compactos

_____ .

3. tú / 3 / cartera

_____ .

4. Uds. / 20 / videojuegos

_____ .

5. nosotros / 12 / botella de perfume

_____ .

Nombre _____ Hora _____

Capítulo 2B

Fecha _____ Core Practice **2B–1**

¿Qué hacen?

A. Look at the drawings and tell what the people are doing.

1. Ricardo paga en la _____.

2. Cristina _____ un vestido.

3. Leonor quiere pagar con _____.

4. Juan Carlos no encuentra su _____.

5. Emilio paga la camiseta con _____.

B. Tell about Lucero's shopping spree in the department store by writing in the missing words from the word bank.

tarjeta	cheque	estilos	efectivo	gasté

1. El almacén tiene ropa de varios _____.

2. Yo _____ mucho dinero.

3. Pagué con mi _____ de crédito.

4. También tenía un _____ de viajero de mi viaje a San Antonio.

5. Nunca pago con dinero en _____.

40 *Vocabulario en contexto*

¿Qué dices?

A. Decide whether each pair of words is a synonym or an antonym. Circle the correct one.

1. la entrada   la salida   **sinónimo**   **antónimo**

2. el número   la talla   **sinónimo**   **antónimo**

3. color claro   color oscuro   **sinónimo**   **antónimo**

4. precio bajo   precio alto   **sinónimo**   **antónimo**

5. liquidación   ganga   **sinónimo**   **antónimo**

B. Tell what Paulina and Rosaura are saying about shopping in the department store by filling in the missing letters.

PAULINA: Ahora me _p_ __ __ __ __ __ esta falda negra. ¿Qué te

__ __ r __ c __ ? ¿Me queda bien?

ROSAURA: Yo prefiero los colores __ i __ __ __ . ¿No te gusta

__ q __ e __ __ __ falda roja?

PAULINA: Bueno, voy a probarme las dos. Las __ __ r c __ __ son buenas.

ROSAURA: ¿Y sabes que hay un descuento del 25 por ciento?

PAULINA: Con estos _p_ __ __ __ __ __ s tan bajos, puedo comprar blusas y jeans

también.

ROSAURA: De acuerdo. No son tan __ x a __ __ __ a __ __ como en otras

tiendas.

PAULINA: Y yo voy a buscar un abrigo. Me encanta el __ s __ __ __ o de aquel

abrigo gris.

ROSAURA: Sí, está muy de __ __ d __ . Vamos a ver si tienen en talla

m __ __ __ __ n __ .

PAULINA: El __ __ __ __ __ __ o anuncia un descuento del 50 por ciento.

¡Qué __ __ n __ __ !

Capítulo 2B

Core Practice **2B–3**

¿Qué quieres?

Answer the following questions using the items pictured as clues. Follow the model.

Modelo ¿Esa blusa es de color claro? _No, la blusa es de color oscuro_ .

1. ¿De qué está hecho el suéter? _____ .

2. ¿Cómo te quedan los pantalones? _____ .

3. ¿Cómo vas a pagar por esto? _____ .

4. ¿En dónde vas a pagar? _____ .

5. ¿Adónde vas para gastar tu dinero? _____ .

6. ¿Cuál talla te queda mejor? _____ .

7. ¿Qué anuncia el letrero? _____ .

8. ¿Qué usas para salir? _____ .

Nombre _____ Hora _____

Capítulo 2B   Fecha _____   Core Practice **2B–4**

En el centro comercial

Tatiana and Mariana are in the mall for the many clearance sales going on today. Read their conversation and answer the questions that follow.

> MARIANA: Mira, aquí hay liquidación de camisetas de colores vivos.
> TATIANA: Viene el invierno. Yo quiero ropa más grande de colores oscuros.
> MARIANA: Entonces no vas a encontrar ropa en liquidación. Tampoco vas a encontrar ropa de moda.
> TATIANA: Está bien. No tiene que ser una ganga, sólo un precio no demasiado exagerado.
> MARIANA: ¿Te gusta esta blusa? Es de algodón. Y también es de una marca popular.
> TATIANA: Sí. También me gusta aquella falda. ¿Sabes de qué está hecha?
> MARIANA: Parece de cuero.
> TATIANA: En realidad no me importa. Se ve bien con la blusa. Me las voy a probar.
> -----
> MARIANA: ¿Cómo te quedan?
> TATIANA: Bastante bien. La blusa está un poco floja y la falda está un poco apretada.
> MARIANA: Te ves muy bien. ¿Quieres buscar algo más?
> TATIANA: ¿Por qué no miramos esas camisetas en liquidación?
> MARIANA: ¡Vamos!

1. ¿Qué busca Tatiana?

_____.

2. En realidad, ¿quiere una ganga Tatiana? ¿Te parece que el precio le importa más a Mariana? ¿Por qué?

_____

_____

_____.

3. ¿Por qué le gusta la falda a Tatiana? ¿A ella le importa la tela?

_____

_____.

4. ¿Cómo le queda la ropa a Tatiana?

_____.

5. En tu opinión, ¿Tatiana va a comprar la falda y la blusa? ¿Por qué?

_____

_____

_____.

© Pearson Education, Inc. All rights reserved.

Vocabulario en contexto **43**

¿Qué hicieron?

A. Alicia and her friends went shopping yesterday. Complete the following sentences to tell what they saw and bought. Use the preterite of the verbs given. Follow the model.

Modelo   Alicia y sus amigos / decidir

Alicia y sus amigos decidieron ir de compras.

1. Alicia y sus amigos / llegar

   _____ al mercado.

2. Tú / ver

   _____ una liquidación.

3. Ellos / entrar

   _____ en la tienda.

4. Alicia / recibir

   _____ un descuento.

5. La tienda / anunciar

   _____ la ganga del siglo.

6. Jorge / escoger

   _____ unos pantalones.

7. Marta y Felisa / encontrar

   _____ faldas y zapatos.

8. Todos / gastar

   _____ mucho dinero.

B. Alfredo describes what he did yesterday. Supply the correct **yo** form of the verbs in parentheses to complete his narration.

1. (llegar)   _____ a la escuela a las ocho menos cuarto.

2. (navegar)   En la sala de computadoras _____ en la Red.

3. (tocar)   _____ en la orquesta de la escuela.

4. (almorzar) _____ con mis amigos.

5. (buscar)   _____ mi libro de química.

6. (empezar)   _____ a estudiar para el examen.

Aquél es mío

A. Write sentences to tell who the things over there belong to.

Modelo llavero/yo   *Aquel llavero es mío* _____ .

1. cupones de regalo/él _____ .

2. tarjeta de crédito/nosotros _____ .

3. cheques personales/tú _____ .

4. bolso/ella _____ .

5. cartera/yo _____ .

6. joyas/ellas _____ .

B. Look at the drawings below. Answer the questions based on the article of clothing that is indicated. Follow the model.

Modelo   — ¿Qué falda prefieres?

— *Prefiero aquella falda* _____ .

1. —¿Qué camisa prefieres?

—Prefiero _____ .

2. — ¿Qué pantalones prefieres?

— Me gustan _____ .

3. — ¿Qué traje prefieres?

— Prefiero _____ .

4. — ¿Qué zapatos prefieres?

— Me gustan _____ .

Nombre _____   Hora _____

Capítulo 2B   Fecha _____   Core Practice **2B–7**

Uno de ésos

Answer each of the following questions in a complete sentence. Use the correct preterite form of the verb and the underlined noun to answer the questions. Follow the model.

Modelo   ¿Compraste una camisa de algodón o <u>una camisa de lana</u>?

Compré una de lana _____ .

1. ¿Compraron ustedes <u>el cinturón de tela</u> o el cinturón de cuero?

   _____ .

2. ¿Encontraste una blusa blanca o <u>una blusa azul</u>?

   _____ .

3. ¿Se probó Juana unos pantalones de color claro o <u>unos pantalones de color oscuro</u>?

   _____ .

4. ¿Escogiste <u>un bolso caro</u> o un bolso barato?

   _____ .

5. ¿Vieron ustedes <u>muchos estilos nuevos</u> o pocos estilos nuevos?

   _____ .

6. ¿Buscaste una gorra roja o <u>una gorra negra</u>?

   _____ .

7. ¿Escribieron ustedes unas composiciones largas o <u>unas composiciones cortas</u>?

   _____ .

8. ¿Te gustó más <u>el disco compacto de Laura</u> o el disco compacto de Carmen?

   _____ .

Repaso

Horizontal

1. ¿No te ___ el precio?

3. ¿Cuál es la ___ de la computadora?

8. ___ en efectivo

9. Este ___ es difícil de leer.

10. Se vende ese vestido en varios ___.

13. En ___ no me importa el color.

17. El almacén tiene dos ___.

19. Van de compras al ___.

21. Hay que ___ sólo un estilo de los dos.

23. Los almacenes ___ las gangas en el periódico.

27. *a sale*; una ___

28. Me gustan estos zapatos pero no ___ mi número.

29. Estos pantalones son de algodón y ___ son de tela sintética.

Vertical

2. ¿Por qué no te pruebas una ___ más grande?

4. El bolso es de ___.

5. Prefiero los colores ___.

6. ¿No te parece muy ___ el precio?

7. Sara se ___ otro estilo.

11. Nosotros ___ mucho dinero recientemente.

12. El libro está en ___ en todas las librerías.

14. ___ hecho de ___

15. Hay un buen ___ en esta marca. ¡Qué ganga!

16. Prefiero el azul ___ y no oscuro.

18. ¿Y este vestido? ¿___ o flojo?

20. ¿Y su talla? ¿Grande o ___?

22.

24. Prefiero recibir los ___ de regalo.

25. ¿Cuál es su ___, señor?

26. *a bargain*; una ___

Organizer

I. Vocabulary

Words that describe fabrics   Words used to describe ways of paying

_____   _____

_____   _____

_____   _____

_____   _____

Words for fashion and style

_____   _____

_____   _____

II. Grammar

1. Give the preterite forms of these verbs.

mirar   comer   escribir

_____   _____   _____

_____   _____   _____

_____   _____   _____

_____   _____   _____

_____   _____   _____

2. Fill in the following chart with the forms of **aquel.**

	singular	plural
masculine		
feminine		

3. When comparing two similar things you can avoid repetition by using an
_____ as a noun.

Capítulo 3A

A ver si recuerdas...
Vamos a hacer los quehaceres

Look at the drawings and tell what chores people are doing.

1. María _____ .

2. Ignacio _____ .

3. Gregorio _____ .

4. Rebeca _____ al perro.

5. Sandra _____ .

6. Raquel_____ .

7. Antonio y Sergio _____ .

8. Carmen _____ .

9. Felipe y Cristina _____ .

10. Ana _____ .

Capítulo 3A

A ver si recuerdas...

¿A qué hora?

Look at the schedule below of the new high-speed train and answer the questions that follow in complete sentences. Follow the model.

Salir de	Llegar a	Duración
Boston	Washington, D.C.	4 horas
Nueva York	Montreal	5 horas
Philadelphia	Miami	7 horas
Baltimore	Atlanta	6 horas

Modelo Si el tren llega a Montreal a las nueve de la noche, ¿a qué hora salió de Nueva York?

El tren salió de Nueva York a las cuatro de la tarde _____.

1. Si el tren llega a Miami a las tres de la tarde, ¿a qué hora salió de Philadelphia?

   _____.

2. Si el tren salió de Boston a las cinco de la tarde, ¿a qué hora llega a Washington, D.C.?

   _____.

3. Si el tren llega a Atlanta a las nueve de la mañana, ¿a qué hora salió de Baltimore?

   _____.

4. Un tren salió de Boston a la una y media de la tarde. ¿A qué hora va a llegar a Washington?

   _____.

5. El tren va a llegar a Miami a las once y cuarto de la noche. ¿A qué hora salió de Philadelphia?

   _____.

6. Si el tren salió de Boston a las once de la noche, ¿a qué hora llega a Washington, D.C.?

   _____.

7. El tren va a llegar a Montreal a las ocho y media de la noche. ¿A qué hora salió de Nueva York?

   _____.

Capítulo 3A

Fecha _____

Pasando por el centro

A. You are giving a tour of your hometown to Luis, the exchange student from Caracas. Using the art to help you, tell him where each building is.

1. Aquí está _____.

2. Y allí está _____.

3. A la izquierda queda _____.

4. Y a la derecha queda _____.

5. Enfrente de esto queda _____.

6. Al fin de la calle está _____.

B. You and Luis decide to go into the sports store, and you are thinking about buying something. Fill in the blanks below to complete your conversation with Luis.

TÚ: Quiero jugar al hockey este año.

LUIS: Tienes que buscar el _____ deportivo apropiado. No puedes jugar si no tienes las cosas que necesitas.

TÚ: Sí, primero necesito unos _____ .

LUIS: De acuerdo. Me encanta patinar.

TÚ: En la primavera quiero también jugar al golf.

LUIS: Quizás necesitas un _____ de golf nuevo.

TÚ: ¡Cómo no! Y si no juego al golf, puedo jugar al tenis.

LUIS: Y no puedes jugar al tenis sin _____ . Hay varias aquí para todos los deportes.

TÚ: ¿Quieres jugar al tenis conmigo? Puedo comprarte una _____ de tenis.

LUIS: No, gracias, ya la tengo.

Un día de quehaceres

A. Tell what Lucas is doing by filling in the missing words from the word bank. You will not use all of the words from the bank. NOTE: the words in the bank are scrambled.

ócsa	satpa	reab	ploceil	tisdtean
robcra	lovederv	ózubn	losles	qecuhe
sica	reraci	cúmaph	aacrt	édmoci

1. Lucas va al supermercado para comprar el _____ para lavarse el pelo.

2. Luego, va a la biblioteca para _____ el libro que leyó ayer.

3. Lo _____ la semana pasada de la biblioteca y le gustó mucho.

4. El correo se _____ a las nueve, entonces va al consultorio primero.

5. En el consultorio habla con el _____ porque le duele el estómago.

6. En el correo, Lucas tiene que comprar unos _____.

7. Los necesita para enviar una _____ a su abuelo.

8. Después, va a echarla en el _____.

9. Tiene que ir al banco después porque se _____ a las cuatro.

10. En el banco va a _____ su _____ del trabajo.

11. Al fin del día compra un _____ de dientes porque tiene que ir al

    consultorio de la _____ la semana que viene.

12. Ahora, sólo le falta la _____ dental para cepillarse los dientes.

A ver qué hace la gente

Answer the questions, using the drawings as clues. Follow the model.

Modelo ¿Qué hace Tito hoy?

_Tito cuida a los niños hoy_____.

1. ¿Por cuánto tiempo cuida a los niños?

_____.

2. ¿Cómo van al zoológico?

_____.

3. ¿Qué hacen Uds. allí?

_____.

4. ¿Dónde trabaja Carlos?

_____.

5. ¿Qué hace Carlos con el coche?

_____.

6. ¿Qué salió del tanque?

_____.

7. ¿Está limpio el coche o está todavía sucio?

_____.

El jabón perfecto

Read the following advertisement and answer the questions based on what you read.

¿Quiere Ud. un jabón de alta calidad[1] que no cuesta tanto? **Limba** debe ser su jabón.

Hay otros jabones que dicen que tienen la fórmula más poderosa[2] pero la marca **Limba** tiene la mejor de todas. Sólo hay que probarlo y va a saber que no hay jabón mejor que **Limba**.

Los médicos dicen: "La gente que se lava con **Limba** es la más contenta y tiene muy pocos problemas de la piel[3]."

Limba es lo mejor en higiene, salud y belleza para hombres y mujeres.

Debe comprarlo ahora para conocer la diferencia.

También se puede comprar Champú **Limba**.

De venta en farmacias.

---

[1]*quality* [2]*powerful* [3]*skin*

1. ¿Qué es el producto del anuncio? ¿Para qué puedes usarlo?

_____

_____

2. Según este anuncio, ¿qué jabón es mejor que **Limba**?

_____

3. ¿Qué tiene que hacer para conocer la diferencia de **Limba**?

_____

4. ¿A los médicos les gusta **Limba**?

_____

5. ¿Qué otro producto se vende con el nombre **Limba**? ¿Dónde puedes comprar este producto?

_____

_____

Tengo que hacerlo

Complete the following exchanges about errands people have to run today with the missing direct object pronouns. Follow the model.

Modelo — ¿Ayudaron ustedes a sus amigas con la tarea?

— Sí, ___*las*___ ayudamos después de la clase.

1. — ¿Tienes la pasta dental?

   — No hay. No _____ compré.

2. — ¿Vas a enviar la carta?

   — Sí, _____ eché al buzón hace una hora.

3. — ¿Tienes que devolver los libros?

   — No, _____ saqué ayer.

4. — ¿Necesitas comprarte una raqueta de tenis?

   — No, ya _____ tengo.

5. — Necesito más champú.

   — Puedo comprar_____ en el supermercado.

6. — ¿A qué hora se cierra el banco? Necesito cobrar unos cheques.

   — Se cierra a las cinco. _____ puedes cobrar ahora.

7. — ¿Hay gasolina en el tanque?

   — Sí, _____ llenamos hoy por la mañana.

8. — ¿Tienes sellos?

   — Sí, _____ compré hoy por la mañana.

Nombre _____   Hora _____

Fecha _____   Core Practice **3A–6**

Un día...

A. Tell where these people went by completing each sentence with the correct preterite form of the verb **ir**. Follow the model.

Modelo   Teresa _____*fue*_____ a la biblioteca.

1. Yo _____ al banco.

2. Ud. _____ a la farmacia.

3. Mis amigos y yo _____ al supermercado.

4. ¿Tú _____ al correo?

5. Ramón y Manolo _____ a la estación de servicio.

6. Mis padres _____ a casa.

7. Javier _____ a la tienda de equipo deportivo.

B. Tell what each of these things was like. Use the preterite of the verb **ser** and the correct form of the adjective given. Follow the model.

Modelo   / largo *La obra fue larga* _____.

1.   / interesante _____.

2.   / difícil _____.

3.   / emocionante _____.

4.   / fantástico _____.

5.   / divertido _____.

Conversaciones

A. Complete the following conversation between Rosa and her friends with the missing forms of the verbs **estar, poder,** and **tener** in the preterite.

AMIGOS: Ayer fuimos a la tienda de equipo deportivo. Nosotros (1) _____

en la tienda por una hora.

ROSA: ¿(2) _____ encontrar las camisetas?

AMIGOS: No, allí no. (3) _____ que ir a otra tienda. Allí las

(4) _____ comprar.

B. Complete the following conversation between Tomás and Clara with the missing preterite forms of the verbs **estar, hacer, poder,** and **tener.**

TOMÁS: ¿Cuántas horas pasaste en la biblioteca ayer?

CLARA: (1) _____ allí cuatro horas por la tarde.

TOMÁS: ¿(2) _____ terminar tu informe?

CLARA: No, no lo (3) _____ terminar.

TOMÁS: ¿Qué (4) _____ entonces?

CLARA: (5) _____ que volver por la noche.

TOMÁS: ¿Fuiste sola?

CLARA: Sí. Nadie (6) _____ ir conmigo.

Repaso

Horizontal

2. Yo ___ un cheque ayer.

4. el ___

9. ¿Cuándo ___ (tú) el libro de la biblioteca?

12. una ___ de tenis

13. *right away*

14. *almost*

16. la estación de ___

17. el cepillo de ___

18. Compré jabón en la ___.

19. Necesito un ___ para enviar la carta.

20. Me lavo el pelo con este ___.

21. Se me ___ tu cumpleaños.

Vertical

1. Venden sellos en el ___.

2. ¿La tienda? Se ___ a las seis.

3. ¿Cuándo vas a ___ las tarjetas?

4. El ___ del médico está en el centro.

5. *to fill*

6. No se abre ___ mañana.

7. El ___ me examina los dientes.

8. Uso un ___ de dientes.

10. Compraron ___ en la tienda de equipo deportivo.

11. Eché las cartas al ___.

14. ¿Quién ___ a los niños hoy?

15. Hay un ___ cerca del banco.

Organizer

I. Vocabulary

Words to talk about mail

_____

_____

_____

_____

Items found in a sporting goods store

_____

_____

_____

_____

Items bought in a drugstore

_____

_____

_____

_____

Places in a community

_____

_____

_____

_____

II. Grammar

1. List the four direct object pronouns that correspond to *him, her, it,* and *them.*

_____ , _____ , _____ , _____

2. Give the preterite forms of these verbs.

ir y ser

_____ _____

_____ _____

_____ _____

estar

_____ _____

_____ _____

_____ _____

poder

_____ _____

tener

_____ _____

Capítulo 3B

A ver si recuerdas...

¿Dónde está?

Fill in the blanks with the location of each item as pictured. Follow the model.

Modelo

La estatua ___*está a la derecha de*_____ la escuela.

1.

Los gatos _____ la mesa.

2.

El restaurante _____ la farmacia, no a la derecha.

3.

El jardín _____ la casa.

4.

El barco _____ del coche.

5.

La señora _____ el barco y el coche.

6.

El hombre _____ la silla.

A ver si recuerdas...

¿Cómo viajan?

A. Look at the drawings and tell what form of transportation people are using.

1. La familia Vargas viaja en _____ .

2. Emilia y Leticia toman el _____ .

3. Los niños suben al _____ para ir a la escuela.

4. Mirian y Miguel toman _____ .

5. La familia Castillo hace un viaje en _____ .

6. A Paco y a Luz María les gusta viajar en _____ .

B. Pedro's mother thinks she already knows the answers to her questions, but she's wrong. Write Pedro's response to each question. Follow the model.

Modelo   Pedro, ¿qué haces? ¿La tarea? (ejercicio)

No, hago ejercicio _____ .

1. Pedro, ¿cuándo sales? ¿A las ocho? (a las nueve)

_____ .

2. Pedro, ¿qué traes a casa de Amelia? ¿Flores? (dulces)

_____ .

3. Pedro, ¿qué dices? ¿Que es mejor? (que es peor)

_____ .

4. Pedro, ¿cuándo vienes? ¿Hoy? (mañana)

_____ .

5. Pedro, ¿qué tienes? ¿Un coche? (una bicicleta)

_____ .

¿Cómo se llega?

Describe the truck's journey by filling in the missing words in the sentences below. Use the picture as a guide.

1. El _____ está en la Calle Cortés.

2. _____ por dos cuadras.

3. _____ en la _____ de la Calle Cortés y la

   Avenida Hernández.

4. Este cruce es _____ entonces el conductor tiene cuidado.

5. No para en la _____ que está a la izquierda.

6. _____ derecho en la Avenida Hernández hasta la Calle Calero.

7. _____ la Calle Calero hasta llegar a la _____ .

¿Qué hacen?

Look at the drawings and tell what the people are doing.

1.

El policía le pone _____ .

2.

Los peatones cruzan la calle en _____ .

3.

Donaldo y María pasan por _____ .

4.

El coche dobla en _____ .

5.

Victoria está al lado de _____ .

6.

Teresa espera al lado de _____ .

7.

Hay muchos _____ en la calle.

8.

Luis y Carmen esperan en _____ .

Vocabulario en contexto **63**

Mi diccionario

A. Write the appropriate word for each definition.

1. _____ Personas que van a pie

2. _____ Persona que maneja el coche

3. _____ Tren que va debajo de las calles de la ciudad

4. _____ Persona que pone una multa

5. _____ Los coches, camiones y autobuses que pasan
   por las calles de la ciudad

6. _____ El opuesto (*opposite*) de rápidamente

7. _____ Más o menos

8. _____ Difícil de entender o comprender

B. Fill in the missing words according to the illustrations.

1. Las dos muchachas toman _____ .

2. Hay que _____ a la derecha.

3. El coche tiene que _____ .

4. Jaime _____ a su novia cerca de la estatua.

5. Para llegar al banco hay que cruzar _____ .

64 *Vocabulario en contexto*

Capítulo 3B

Andando por la ciudad

Complete the following sentences with the appropriate missing words.

1. — A veces doblo a la derecha donde se prohíbe doblar y...

    — ¿Qué pasa? ¿El policía te pone una _____?

2. — ¿Puedes hablar conmigo ahora?

    — Lo siento, pero no tengo tiempo. Tengo mucha _____ ahora.

3. — Allí está el banco. ¿Puedes _____ el coche? Tengo que sacar algún dinero.

    — Ah, pues yo también. Voy a aparcar aquí.

4. — ¿De veras sabes dónde queda el bazar, Francisco?

    — Sí, estoy _____ de que está a siete cuadras de aquí.

5. — ¿El restaurante queda lejos?

    — No, no tan lejos. Queda _____ a veinte o veinticinco minutos de mi casa.

6. — Creo que es mejor ir a pie.

    — Sí, vamos a _____ el coche en el garaje y caminar.

7. — ¿Por qué no tomamos el metro?

    — _____ . Buena idea. En metro llegamos más rápidamente.

8. — Dobla primero a la izquierda, después a la derecha, después a la izquierda otra vez y luego...

    — Esto es muy _____ . ¡Se me olvida ya!

Conversaciones

Complete the following exchanges with the missing direct object pronouns. Follow the model.

Modelo —¿No ves que estoy aquí?

— No, no ____*te*____ conozco.

1. — No creo que José entendió lo que dijiste.

   — No sé. Normalmente él _____ entiende bien.

2. — ¿Ya tienes el permiso de manejar?

   — Sí, ya _____ tengo.

3. — Laura, Elena, ¿quieren ustedes venir a mi fiesta esta noche?

   — Sí, claro. _____ invitaste la semana pasada.

4. — Termino el trabajo a las seis. Luego voy a tu casa.

   — Bueno, _____ espero en mi casa a las seis y media.

5. — ¿Tienen ustedes problemas con la tarea?

   — Sí, puedes ayudar _____ esta noche?

6. — ¿Sabes que vamos a jugar al fútbol el sábado?

   — Sí, Martín _____ habló por teléfono anoche.

7. — José y yo tenemos que ir al estadio pero no tenemos coche.

   — No te preocupes, Luis. Creo que Manolo _____ puede llevar.

8. — ¿_____ conoces a mí? Me llamo Julio.

   — No, no _____ conozco.

Tienes que hacer esto

A. Complete the following sentences with the affirmative **tú** commands of the verbs in parentheses.

1. (ser) _____ bueno, Joselito.

2. (poner) _____ los libros en el carro.

3. (venir) _____ conmigo a la playa.

4. (ir) _____ a pie. Con el tráfico que hay, es más rápido.

5. (decir) _____ la verdad.

6. (hacer) _____ la tarea antes de llamar a tu novia.

7. (salir) _____ de aquí inmediatamente.

8. (tener) _____ cuidado. Esta carretera es muy peligrosa.

B. Rewrite the following sentences, replacing the noun in italics with the appropriate direct object pronoun. Follow the model.

Modelo Ayuda a *Marta*. _____*Ayúdala*_____.

1. Haz *la tarea*. _____.

2. Espera a *tus amigos* al lado de la estatua. _____.

3. Deja *el coche* en el garaje. _____.

4. Di *la verdad*. _____.

5. Pon *el mapa* en la mesa. _____.

6. Escucha *estas canciones*. _____.

Capítulo 3B

Ahora mismo

Say what the following people are doing now that is different from what they normally do.
Follow the model.

Modelo   Generalmente, Juan maneja despacio.

Ahora _____*está manejando*_____ rápido.

1. Normalmente, Diego dice mentiras.

    Ahora _____ la verdad.

2. Cada día los peatones no siguen por aquella avenida.

    Hoy sí _____ por aquella avenida.

3. Generalmente, repetimos las direcciones cuando las recibimos.

    Ahora no _____ nada.

4. En un día normal, los peatones se visten de amarillo.

    Hoy día los peatones _____ de anaranjado.

5. Normalmente, Uds. leen el manual de manejar.

    Ahora Uds. no _____ el manual.

6. Liliana cruza la calle con su mamá todos los días.

    Pero ahora no _____ la calle porque está sola.

7. Siempre traigo mi permiso de manejar.

    Hoy no _____ el permiso conmigo.

8. Normalmente me pones tranquilo.

    Ahora _____ nervioso.

9. Generalmente, Andrés duerme en casa.

    No sé por qué ahora _____ en el coche.

10. En este restaurante siempre pedimos la paella.

    Pero esta noche _____ la tortilla española.

Repaso

Horizontal ———————————

2. Me van a esperar cerca de la ___ en la plaza.

5. un ___

8. Hay un cine en _____ de la avenida.

9. Seguimos derecho hasta el ___ de calles.

11. *enough*

13. Ten cuidado. Es una carretera ___.

14. Dobla en la ___ de parada.

15. Llegar a esa calle desde aquí es un poco ___.

18. Nosotros ___ el autobús en la esquina.

19. *slowly*

20. Los ___ tienen cuidado cuando cruzan la calle.

21. ¿Ya tienes tu ___ de manejar?

22. ¿Dónde ___ la avenida Juárez?

Vertical ———————————

1. El policía le pone una ___.

3. Hay mucho ___ en el centro.

4. Hay que doblar en el ___.

5. Déjame en ___.

6. La calle no es ancha. Es ___.

7. Me estás ___ nervioso.

10. La plaza está a dos ___ de aquí.

12. ___ el ___

15. Elena maneja bien. Es una buena ___.

16. Yo tengo ___. Vamos ahora.

17. *highway; freeway*

Organizer

I. Vocabulary

Words and phrases for driving	Words and phrases for giving directions
_____	_____
_____	_____
_____	_____
_____	_____

Words referring to parts of the city	Verbs referring to movement
_____	_____
_____	_____
_____	_____
_____	_____

II. Grammar

1. The direct object pronouns are: _____ , _____ , _____ ,

   and _____ when they refer to both people and objects and _____ ,

   _____ , _____ , and _____ when they refer only to people.

2. Write the irregular affirmative **tú** commands of the following verbs:

   decir _____   salir _____

   hacer _____   ser _____

   ir _____   tener _____

   poner _____   venir _____

3. Write the irregular present participles of the following verbs:

   creer _____   repetir _____

   decir _____   seguir _____

   dormir _____   servir _____

   leer _____   traer _____

   pedir _____   vestir _____

A ver si recuerdas...

¿Qué comida hay?

A. Read the following descriptions and decide which family member is being described. Write the correct word in the blank. Follow the model.

Modelo   Es el hermano de mi padre.   Es mi _____*tío*_____.

1. Son los padres de mis tíos.   Son mis _____.

2. Es la hija de mi tía.   Es mi _____.

3. Es el primo de mi hermana.   Es mi _____.

4. Son los hijos de mis abuelos, pero no son mis padres.   Son mis _____.

5. Es el único (*only*) hermano de mi tío.   Es mi _____.

6. Son los hijos de mis padres.   Son mis _____.

7. Es el padre de la hermana de mi madre.   Es mi _____.

B. All of your family members are chipping in to help set up for dinner. Complete each sentence by telling what each family member is bringing to the table according to the pictures on the right.

1. Mi hermanito trae _____.

2. Mis primos traen _____.

3. Yo traigo _____.

4. Mis hermana mayor trae _____.

5. Mis abuelos traen _____.

A ver si recuerdas...

Es una fiesta

A. Look at the drawings of a birthday celebration and write what the subjects below are doing.

1. Emilia, Carlos y Víctor _____ .

2. Mariana _____ .

3. Martín _____ .

4. Felisa y Bárbara _____ .

5. La madre de Marta _____ .

6. El tío Guillermo _____ .

B. Change the underlined word or phrase in each of the following sentences without changing the meaning of the sentence. Then, write the new word on the blank. Follow the model.

| **Modelo** | Jorge es <u>muy popular</u>. | *popularísimo* . |

1. La tarea es <u>muy fácil</u>. _____ .

2. Jorge es mi <u>hermano menor</u>. _____ .

3. Los pantalones son <u>muy grandes</u>. _____ .

4. Esta comida es <u>muy rica</u>. _____ .

5. No quiero un sándwich tan <u>pequeño</u>. _____ .

6. Vamos a visitar a la <u>abuela</u>. _____ .

Acciones habituales

A. Complete the following sentences logically using words from the bank. Not all of the words will be used.

colección	generosa	molestar	bloques	vecino
oso	tren	tímida	triciclo	saltar

1. De niño me gustaba hacer casas y carreteras con mis _____ .

2. A los tres años Claudia ya sabía montar en _____ .

3. Pablo siempre duerme con su _____ de peluche.

4. Mi hermanita tiene una _____ de muñecas.

5. A mí me gusta _____ a la cuerda.

6. Isabel siempre comparte su comida con nosotros. Es muy _____ .

7. Mi _____ me ayuda a cuidar a mi perro.

8. El juguete favorito de mi hermanito es su _____ eléctrico.

B. Complete the analogies below with words from your vocabulary.

1. salir : llegar :: prohibir : _____

2. lavar : limpiar :: compartir : _____

3. la voz : el coro :: un país : _____

4. cierto : falso :: nadie : _____

5. entusiasmado : emocionado :: reservado : _____

¿Qué están haciendo?

Look at the drawings and tell what the people are doing.

1. Los niños coleccionan _____ .

2. Luisita le da de comer a _____ tres veces al día.

3. A Sergio le gusta jugar con _____ .

4. Los niños juegan en el _____ .

5. Carlitos y Ricardito están en _____ .

6. Manolo salta _____ .

7. La joven _____ molesta a su hermanito.

8. Los niños quieren comprar una _____ .

Sinónimos y definiciones

A. Complete these sentences logically with adjectives from your vocabulary.

1. Ese niño siempre obedece. Es _____.

2. A esa niña no le gusta hablar con la gente. Es _____.

3. Los padres de Juan Pedro le compran todos los juguetes que pide. Por eso es

   _____.

4. Rosa se porta muy bien con todos. Es una niña muy bien

   _____.

5. Un niño que molesta a todo el mundo es muy _____.

B. Complete these sentences logically with verbs from your vocabulary.

1. Parece que esos chicos no se llevan bien. Siempre se _____.

2. Marcos es desobediente de vez en cuando, pero por lo general

   _____ a sus padres.

3. Yo _____ cuando no quiero decir la verdad.

4. No me gustan las personas que no se _____ bien en un

   restaurante.

5. Mi hermano está durmiendo. No quiero _____lo.

6. Mi amiga tiene casi cien muñecos. Le gusta _____los.

Nombre _____   Hora _____

Fecha _____   Core Practice **4A–4**

¿Qué hacen?

Based on the illustrations, write complete sentences to answer the questions about what the children are doing. Follow the model.

Modelo   ¿En dónde se queda Jorgito durante el día?

Jorgito se queda en la guardería infantil durante el día _____

1. ¿Qué tiene Margarita?

   _____.

2. ¿Con qué juega Marcos?

   _____.

3. ¿Con qué duerme siempre Pablo?

   _____.

4. ¿Qué les gusta hacer a las niñas?

   _____.

5. ¿Cómo se portan Raúl y Julia?

   _____.

6. ¿Qué sabe hacer Claudia a los tres años?

   _____.

7. ¿Qué le gusta hacer a Felipe?

   _____.

8. ¿Qué hacen siempre Diego y Pepe?

   _____.

76 _Vocabulario en contexto_

¿Qué hacían de pequeños?

The following people are talking about what they did in their youth. Write complete sentences to tell their stories. Follow the model.

Modelo Alicia *Alicia molestaba a sus hermanos menores* _____.

1. Mario _____
   _____.

2. Lorenzo y Alberto _____
   _____.

3. Tú _____
   _____.

4. Yo _____
   _____.

5. Tú y yo _____
   _____.

6. Tú _____
   _____.

7. Nosotras _____
   _____.

8. Luis y Sergio _____
   _____.

9. Yo _____
   _____.

Así vivíamos

Martín and Susana are talking about what life was like when they were children and they lived in the country. To complete their thoughts, use the imperfect of the verbs **ir, ser,** and **ver.**

Mi familia y yo vivíamos en el campo. La casa _____ muy grande.

Mis abuelos vivían con nosotros. Ellos _____ pelirrojos cuando nosotros

_____ jóvenes.

Cada día nosotros _____ a pie a la escuela. Tú _____ todo

lo que pasaba en el camino a la escuela. Nuestro perro, Rey, _____ con

nosotros a la escuela. Él _____ un perro muy obediente. En la escuela tú

_____ obediente, y entonces _____ la estudiante favorita del

profesor.

Después de la escuela yo _____ a la casa de mis amigos Héctor y

Elías. Por la mañana ellos _____ de pesca con su padre, pero por la tarde

nosotros _____ al lago a nadar. Por la noche ellos _____ la

tele y yo me quedaba con mi familia. No teníamos mucho, pero _____

felices.

¡Regalos!

Look at the pictures and use the verb **dar** and the appropriate indirect object pronoun to tell what gifts people are buying for each other. Follow the model.

Modelo   tú/a Juanito

Tú le das un tren eléctrico a Juanito _____.

1.   nosotros/a Mónica

_____.

2.   yo/a los niños

_____.

3.   mis padres/a mí

_____.

4.   mi hermana/a mi padre

_____.

5.   tus padres/a ti

_____.

6.   nuestros amigos/a nosotros

_____.

7.   yo/a mi novia

_____.

Repaso

Horizontal

3. Carlos ___ con los bloques de niño.

5. Por lo ___ se despertaba temprano.

8. Uno de sus hijos es ___ , el otro desobediente.

13. Siempre ___ a mis padres.

14. un ___

16. *spoiled*; Él es ___ .

17. la ___

19. Todo le ___ . No está contento.

20. Jugábamos con el ___ eléctrico.

22. Saltaban a la ___ .

23. Estos chicos traviesos se ___ mucho.

24. Era un niño muy ___ . Se portaba mal.

25. Los chicos jugaban en el ___ de recreo.

Vertical

1. La niña no puede dormir sin su oso de ___ .

2. Jaime ___ travieso de niño.

4. Los niños están en la ___ infantil.

6. La niña se portaba bien con todo el ___ .

7. Nuestro ___ no está en casa.

9. *a block*; un ___

10. Lorenzo se ___ muy bien.

11. Un ___ nada en el lago.

12. A ellos ___ gusta tu colección.

15. Paco ___ de pesca cuando era niño.

17. Ramona no dice la verdad. Ella ___ .

18. una ___

21. Es un niño bien ___ .

Nombre _____   Hora _____

Fecha _____   **4A–9**

Organizer

I. Vocabulary

Words for toys

_____

_____

_____

_____

_____

Words for personal qualities

_____

_____

_____

_____

Favorite pets

_____   _____

_____   _____

II. Grammar

1. Give the imperfect forms of these verbs.

jugar

_____   _____

_____   _____

_____   _____

permitir

_____   _____

_____   _____

_____   _____

ser

_____   _____

_____   _____

_____   _____

ir

_____   _____

_____   _____

_____   _____

2. To tell to whom or for whom an action is done, you use the _____

pronouns. These are: _____ , _____ , _____ ,

_____ , _____ , _____ .

¿Qué pasa?

Tell what these people are doing by filling in the missing words from the word bank. Not all of the words will be used.

lloran	nació	se ríen
fuegos artificiales	modales	parientes
reunión	cuentan	antiguo
cumplió		había
fiesta de sorpresa		se reúnen

1. Hay una _____ de la familia en casa de los abuelos el domingo.

2. Los chicos _____ cuando les cuento chistes.

3. El bebé _____ la semana pasada.

4. Elena y Tomás _____ a las nueve cada noche en la Plaza Mayor.

5. Berta no sabía que la _____ era para ella.

6. A la gente estadounidense le gusta ver los _____ para celebrar el cuatro de julio.

7. Para los días festivos todos los _____ se reúnen y hablan de cuando eran niños.

8. Muchas personas _____ en una boda porque están contentos.

9. Un regalo bueno para la boda es un reloj _____.

10. Mi padre _____ sesenta años el mes pasado.

¿Cuál es la costumbre?

A. Complete each of the following analogies with a word from your vocabulary.

1. niños : bebés :: ancianos : _____

2. abrir : cerrar :: despedir : _____

3. llevar : traer :: pasarlo bien : _____

4. flojo : apretado :: pequeño : _____

5. siempre : de vez en cuando :: nunca : _____

B. Tell what the following people do every day.

1. Tito y Celia se _____ .

2. Paco se _____ de Ramón.

3. Nieves y Lorena se _____ .

4. Gabriel le _____ al amigo de Josefina.

5. Marta y Paco se _____ en la fiesta.

6. Alejandro _____ cuando se reúne con los parientes.

Falta una palabra

Complete the following sentences with the missing word.

1. La Navidad y el cuatro de julio son días __ __ __ __ __ v __ __ .

2. Juan siempre __ u __ __ __ __ muchos chistes.

3. Cuando mis padres llegaron a la fiesta para su aniversario, todos gritamos,

   ¡__ __ __ __ __ __ d __ d __ __!

4. Álvaro mostró buenos m __ __ __ __ __ __ porque charló con toda la gente.

5. La __ __ __ é nació ayer en el hospital .

6. Los hermanos se __ __ __ __ v __ __ muy bien. Nunca pelean.

7. El domingo vamos a hacer __ n __ __ __ n __ __ . Tenemos mucha comida y va a hacer buen tiempo.

8. Marta caminó __ __ r __ __ __ __ __ r del parque tres veces.

9. No r __ __ __ __ __ __ __ o qué hicimos para el seis de enero. Quizás tuvimos una fiesta.

10. Mis parientes siempre __ __ __ r l __ __ con sus amigos por teléfono.

Días festivos entre familia

Isabel's favorite holiday is July 4th. Read her description of what they do every year in her town and then answer the questions that follow.

Hoy es mi día favorito. . . es el Día de la Independencia. Cada año mi familia y yo nos reunimos con los vecinos y vamos al centro para ver el desfile. A mucha gente de mi pueblo le gustan los desfiles. Hay algunos que los esperan en un parque cerca del centro. Ellos hacen unos picnics allí donde comen de todo.

En la Gran Vía (*Main Street*) todo el mundo está charlando en anticipación de las carrozas (*floats*) y las bandas musicales. También hay mucha gente importante del pueblo que camina entre las carrozas y bandas. Estas personas sonríen, saludan a la gente y a veces besan a los bebés. Los espectadores se ríen y se divierten mucho mientras que pasa el enorme desfile.

Después del desfile se reúne casi todo el pueblo en el parque. Allí conocemos a gente nueva y hablamos con los viejos amigos. Una vez conocí a las personas que encienden los fuegos artificiales. ¡Me permitieron encender unos pequeños!

1. En tu opinión, ¿a Isabel le gustan los días festivos? ¿Cuál es su día favorito?

   _____

   _____ .

2. Describe qué hace la gente antes del desfile.

   _____

   _____ .

3. ¿Qué pasa durante el desfile?

   _____

   _____ .

4. ¿Toda la gente regresa a sus casas al final del desfile? Si no, ¿qué hacen?

   _____

   _____ .

5. ¿Qué le pasó a Isabel una vez?

   _____

   _____ .

Reunión de familia

Amalia describes how wonderful the family gatherings were when she was a child. Complete her story with the imperfect of the appropriate verbs in parentheses. The first one is done for you.

Cuando yo _____era_____ (hablar / ser) niña, mis parientes _____

(conocer / reunirse) los domingos en casa de mi abuela. Mi abuela _____

(preparar / llamar) mucha comida y mi madre y mis tías la _____ (pensar /

ayudar). Yo _____ (pedir / jugar) con mis primos. Todos nosotros

_____ (llevarse / llegar) muy bien, y _____ (divertirse / escuchar)

mucho. Nosotros _____ (ver / almorzar) juntos (*together*), _____

(contar / ir) chistes y _____ (reírse / conocer) tanto. Mi primo Raúl siempre

_____ (jugar / traer) la guitarra. Él _____ (tocar / traer) muy bien y

nos _____ (gustar / casarse) escucharlo. Nosotros _____ (llamar /

cantar) nuestras canciones favoritas. Todos en la familia _____ (ver / quedarse)

en casa de la abuela hasta las nueve de la noche y después _____ (regresar /

sacar) a casa, cansados, pero muy contentos. Todavía pienso mucho en esas maravillosas

reuniones de familia.

Nombre _____ Hora _____

Capítulo 4B

Fecha _____ Core Practice **4B-6**

Entre amigos

Write a complete sentence telling what the friends in each illustration are doing. Use reflexive pronouns. Follow the model.

Modelo Rafael y Ana
se despiden .

1. Rosa y Josefina

_____ .

2. Raúl y Pedro

_____ .

3. El señor García y su hermano

_____ .

4. La señora Méndez y la señora Mendoza

_____ .

5. Claudia y Paula

_____ .

6.   Felipe y Carlos

_____ .

7. Alfredo y Julio

_____ .

8. Teresa y Diego

_____ .

Lo que hicimos ayer

A. Read the description below about something that happened in the past. Decide whether the underlined verbs should be in the preterite or imperfect. Write *I* for imperfect and *P* for preterite in the space provided. Follow the model.

Modelo   <u>Hace</u> ___*I*___ sol cuando <u>salgo</u> ___*P*___ .

Un día, cuando <u>hace</u> _____ buen tiempo, mi familia y yo <u>decidimos</u> _____ hacer un

picnic. Paco y Federico <u>cuentan</u> _____ chistes cuando Marta y yo <u>encontramos</u> _____ la

cesta (*picnic basket*). Mi madre <u>pone</u> _____ las bebidas en la cesta. Nos <u>reunimos</u> _____

con los parientes en el parque.

<u>Hay</u> _____ mucha gente en el parque. Los mayores <u>charlan</u> _____ y los jóvenes

<u>juegan</u> _____ cuando nosotros <u>llegamos</u> _____ . Todos se <u>divierten</u> _____ cuando

<u>vienen</u> _____ las nubes. <u>Empieza</u> _____ a llover. Toda la gente <u>corre</u> _____ a sus

coches o a sus casas. La gente ya no se <u>ríe</u> _____ , los jóvenes ya no <u>juegan</u> _____ y los

bebés <u>empiezan</u> _____ a llorar. Mi familia y yo nos <u>despedimos</u> _____ y así <u>termina</u>

_____ nuestro día festivo.

B. Now, write the correct form of the verb in the tense indicated in Part A. Follow the model.

Modelo   *Hacía / salí*

1. _____   8. _____   15. _____

2. _____   9. _____   16. _____

3. _____   10. _____   17. _____

4. _____   11. _____   18. _____

5. _____   12. _____   19. _____

6. _____   13. _____

7. _____   14. _____

Repaso

Horizontal ───────

2. Se ____ en la sinagoga.

3. Van a hacer un ____ si no llueve.

4. Es un niño bien educado de buenos ____.

8. Cuando Beatriz cumplió años, ¿qué le ____ Uds.?

10. Lola ____ en el campo pero vive en la ciudad.

11. ¿Cuántos años ____ (tú) en marzo?

12. No trabajan los ____ festivos.

13. la ____

14. Había muchas tiendas ____ de la plaza.

19. ____ el ____

22. Celebraron su ____ en diciembre.

23. Paco es muy serio. Nunca ____.

24. ¿Tus parientes te ____ lo que pasó?

Vertical ───────

1. *frequently*

5. La zona histórica está en la ciudad ____.

6. Graciela, ¡feliz cumpleaños y ____!

7. Es interesante conocer otras ____.

9. una ____ de sorpresa

15. No puedo asistir a la ____ esta tarde.

16. se ____

17. Los ____ se reúnen sin sus hijos.

18. Se ____ y se abrazaron.

20. Alejo y yo ____ un poco antes de la clase.

21. Consuelo se ____ mucho con sus amigos.

Organizer

I. Vocabulary

Words to talk about special events	Verbs to talk about greetings
_____	_____
_____	_____
_____	_____
_____	_____

Words to talk about the past

_____   _____

_____   _____

II. Grammar

1. The imperfect tense is used to

   a. _____

   b. _____

   c. _____

2. Another use of the reflexive pronouns is to express the idea "(to) each other."

   These are called _____ actions.

3. List the infinitive form of six reflexive verbs that are usually used reciprocally.

   _____   _____

   _____   _____

   _____   _____

A ver si recuerdas...

¿Qué ves en los cuartos?

Look at the drawings to find out what items can be seen in the house.

1. Hay algunos _____ en las paredes.

2. Leo aquí porque hay una _____ .

3. Rita se pone el maquillaje en el baño porque hay _____ allí.

4. Estas ventanas necesitan _____ .

5. Me encanta escuchar mis discos compactos en mi _____ .

6. Tengo mis calcetines en la _____ .

7. El dormitorio tiene dos _____ .

Capítulo 5A

A ver si recuerdas...

¿Tienes ganas?

A. Respond to each question using an expression with **tener**.

1. ¿Quieres comer?

Sí, porque _____.

2. ¿El niño quiere entrar en el cuarto oscuro?

No, porque _____.

3. ¿Carlos es joven?

Sí, _____ 15 _____.

4. ¿Quieres tu abrigo?

Sí, porque _____.

5. Marcela quiere más agua.

Creo que ella _____.

6. José dijo que México está al sur de Chile.

¿Cómo? No, él no _____.

7. ¿Quieres dormir ahora?

Sí, porque _____.

8. ¿Crees que vas a llegar tarde?

Sí, tengo que salir ahora. _____.

B. You are visiting Paula's new house. Compliment her on everything you see using an exclamation with **Qué** and the appropriate form of the adjective provided. Follow the model.

Modelo   casa/nuevo   *¡Qué nueva es la casa!* _____

1. sala/bonito _____

2. cuadros/interesante _____

3. televisor/grande _____

4. cocina/moderno _____

5. árboles del jardín/alto _____

6. cortinas/elegante _____

92   *A ver si recuerdas...*

Un desastre

Tell what happened when a fire broke out by using the drawings to complete the sentences with the missing words.

1. Ayer hubo _____ en el centro.

2. Comenzó con _____ en la casa.

3. El incendio destruyó _____ .

4. Los _____ llegaron.

5. Ellos bajaban _____ ayudando a unos vecinos del edificio.

6. Había _____ por todas partes.

7. Todos _____ se quemaron.

8. Toda la familia se _____ del incendio.

9. Afortunadamente los bomberos pudieron _____ el incendio.

Capítulo 5A

¿Qué ocurrió?

A. Find out what disasters befell one area by filling in the missing verbs from the newscast below. Not all of the words will be used.

destruyó	apagaron	murieron	quemaron	rescatar
esconderse	sube	nevó	ocurrieron	llamaron

1. _____ tres desastres ayer en esta región.

2. Nadie podía _____ del terror.

3. Muchas personas _____ a la policía pero no pudieron hacer nada.

4. Muchos se _____ a causa del terremoto.

5. El huracán _____ dos pueblos.

6. En las montañas _____ por veinticuatro horas.

7. Muchos edificios se _____ a causa de los incendios horribles.

8. El número de personas que se escaparon _____ cada hora.

B. Change the underlined word in each sentence to its opposite, and write the new word on the line.

1. Afortunadamente todos los habitantes están *vivos*.   _____

2. El bombero *subió* la escalera.   _____

3. El noticiero acaba de *terminar*.   _____

4. Tengo que *encender* la luz.   _____

5. La bombera trata de *destruir* la vida.   _____

Un desastre en Nicaragua

Complete the following conversation with logical words. Each dash represents a letter.

LAURA: ¿__ __y __ r __ __ ustedes lo que pasó en Nicaragua?

PABLO: No, no oímos nada. ¿Qué pasó?

LAURA: Llegó un __ __ u __ __ __ __ __ n a la costa con vientos fuertes y mucha

__ __ __ u v __ __ __ .

CARLOS: Los huracanes son t __ __ __ __ __ __ __ t __ __ terribles.

LAURA: También hubo muchas __ __ n __ n __ __ __ __ __ __ n __ __ porque

__ __ o __ __ ó doce horas sin parar.

PABLO: ¿Se murió mucha gente?

LAURA: Todavía no se sabe. Están i __ __ __ __ __ __ i __ __ __ __ o ahora.

CARLOS: Me imagino que el huracán destruyó muchas casas.

LAURA: Sí, vi en el __ __ o __ __ __ __ __ __ o que se destruyó un pueblo

entero. Afortunadamente dicen que todo el mundo pudo

__ __ s c __ __ __ __ s __ .

PABLO: __ __ i __ __ __ __ a van a hablar del desastre en el noticiero de esta

noche. Es muy importante.

LAURA: Creo que sí. Ya hay muchos r __ __ __ __ r __ __ __ r __ __ de todos los

canales allí. Hablan con la gente que vive allí.

CARLOS: Vamos a comprar el periódico. Seguro que ya hay muchos

__ __ __ í c __ __ __ __ s sobre el huracán.

Una noticia terrible

Read the following news story and answer the questions below.

Ayer hubo un terremoto muy fuerte cerca de la ciudad. Creemos que muchas personas murieron y el terremoto también destruyó muchos edificios.

Después de investigar, la policía dice que ocurrió a las dos de la mañana. Toda la ciudad dormía cuando de repente comenzó un temblor (*shake*) enorme. Muchas personas asustadas gritaron mientras que otras trataron de llamar a la policía. La gente viva trató de ayudar a otras personas a escapar del peligro. Muchas personas valientes son los héroes del momento por rescatar a sus compañeros heridos de uno de los peores desastres en la historia de la ciudad.

1. ¿Qué cosa terrible ocurrió ayer?

   _____.

2. ¿Qué pudo decir la policía sobre el terremoto?

   _____.

3. ¿Había mucha gente por las calles cuando comenzó? Explica.

   _____

   _____.

4. ¿Qué hicieron las personas que sintieron el terremoto?

   _____.

5. ¿Cómo se compara este desastre con otros en la historia de la ciudad?

   _____

   _____.

6. ¿Por qué son héroes algunas personas?

   _____

   _____.

Capítulo 5A

Un mal día

A. You are reading about Juanito's bad day yesterday. Decide whether the underlined verbs should be in the preterite or imperfect. Write **I** for imperfect and **P** for preterite. Follow the model.

Modelo Juanito <u>tiene</u> ___*I*___ sed.

Juanito se <u>despierta</u> _____ temprano. <u>Son</u> _____ las seis de la mañana cuando se

<u>levanta</u> _____ . No se <u>siente</u> _____ bien. <u>Parece</u> _____ que <u>está</u> _____ muy cansado. No

<u>duerme</u> _____ bien anoche y en ese momento no <u>quiere</u> _____ comer. <u>Dice</u> _____ que

<u>está</u> _____ enfermo. Todavía <u>tiene</u> _____ que ir a la escuela.

En la escuela <u>es</u> _____ un día muy feo. No <u>puede</u> _____ hacer la tarea. No <u>quiere</u>

_____ ir afuera porque <u>está</u> _____ lloviendo. <u>Sale</u> _____ temprano de la escuela y se

<u>acuesta</u> _____ cuando <u>llega</u> _____ a casa. Así terminó el día.

B. Now, write the correct form of each verb in the tense you have indicated above. Follow the model.

Modelo _____*tenía*_____

1. _____   7. _____   13. _____

2. _____   8. _____   14. _____

3. _____   9. _____   15. _____

4. _____   10. _____   16. _____

5. _____   11. _____   17. _____

6. _____   12. _____   18. _____

Nombre _____ Hora _____

Fecha _____ Core Practice **5A–6**

¿Dónde fue eso?

Use the drawings to write sentences that tell where these things happened. Follow the model.

 Josefina / oír la noticia

Josefina oyó la noticia en la radio _____ .

1. _____ nosotros / oír la noticia

_____ .

2. _____ el incendio / destruir un apartamento

_____ .

3. _____ los estudiantes / leer el artículo

_____ .

4. _____ yo / leer mi libro

_____ .

5. _____ Gloria / leer las noticias

_____ .

6. _____ mis padres / creer el noticiero

_____ .

7. _____ el huracán / destruir unas casas

_____ .

98 *Gramática y vocabulario en uso*

Capítulo 5A

¿Qué pasó?

Your local television station's news reporters are investigating several stories from last night. Help them collect information by choosing a person from **Columna A**, a verb from **Columna B**, and a person or thing from **Columna C**. Put the verbs in the preterite tense to form complete sentences telling what happened last night. Follow the model.

Columna A	Columna B	Columna C
Yo	oír	los coches de la policía
Tú	creer que	una ventana
La Sra. Alfonso	leer	alguien entró en la casa
Enrique y Roberto	destruir	los perros ladrando (*barking*)
Nosotros		del ladrón en el periódico
El ladrón (*robber*)		el teléfono pero nadie contestó
Marisol y yo		todo el edificio
El incendio		una novela de horror

Modelo *La señora Alfonso oyó los perros ladrando.* _____

1. _____
2. _____
3. _____
4. _____
5. _____
6. _____
7. _____
8. _____

Repaso

Horizontal

4. ¿Cuándo ___ el desastre?

5. El detective va a ___ el crimen.

7. Primero bajan y luego suben la ___.

8. Te voy a ___ por teléfono.

9. El niño se ___ detrás de las cortinas ayer.

11. ___ mucho en las montañas.

13. *Help!* ¡___!

14. El ___ empieza a las seis.

16. Es muy tarde. Todos están ___.

19. Ricki sabía que hubo un incendio porque vio el ___.

20. Lorena les ___ la vida a unos niños en peligro.

22. *article;* el ___

23. Los ___ apagaron el incendio.

24. ¿Ud. ___ la explosión?

Vertical

1. El héroe es muy ___.

2. *fortunately*

3. Sandra rescató a muchos heridos. Es una ___.

6. ___ un ___

7. El incendio comenzó con una ___.

8. Cayó mucha ___ anoche. Ahora todo está mojado.

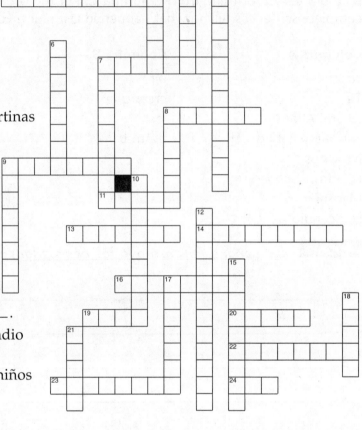

9. Vivo en un ___ de apartamentos

10. Era un ___ fuerte.

12. Llovió mucho. Hubo ___.

15. Los empleados en la oficina estaban ___ por el terremoto.

17. Hay que comprar ___ para la casa nueva.

18. Hay más ___ que muertos.

21. Un ___ bueno tiene que ser valiente.

Organizer

I. Vocabulary

Words to discuss rescues

_____
_____
_____
_____

Words for disasters and bad weather

_____
_____
_____
_____

Words to discuss the news

_____
_____
_____
_____

Words for talking about fires

_____
_____
_____
_____

II. Grammar

1. What tense is used to describe physical, mental, and emotional states in the past?

   _____

2. Give the preterite forms of these verbs.

   oír

   _____ _____
   _____ _____
   _____ _____

   creer

   _____ _____
   _____ _____
   _____ _____

   leer

   _____ _____
   _____ _____

   destruir

   _____ _____
   _____ _____

En el consultorio

A. Find out what happened at the doctor's office by selecting the correct word or words from each pair of words in parentheses. Write the correct word in the blank.

1. El médico _____ al niño. (examinó/dio)

2. Al señor Tamayo le _____ los músculos. (tropezaban/dolían)

3. Esteban se rompió un _____ de la mano. (tobillo/hueso)

4. La médica _____ unas medicinas. (recetó/dolió)

5. El enfermero le pone una _____ a la señora García. (rodilla/inyección)

6. El niño tiene que llevar un _____. (yeso/cuello)

7. La enfermera sacó _____. (muñecas/radiografías)

8. El médico le _____ a Rebeca. (dio puntadas/qué lástima)

B. Read the following descriptions, and write the vocabulary word that best fits each one.

1. Conecta la mano con el brazo. _____

2. Parte del brazo entre el hombro y la mano. _____

3. Parte de la pierna entre la rodilla y el pie. _____

4. Cuando hay un accidente, esto lleva a los heridos a la sala de emergencia.

   _____

5. Si te cortas, puede salir esto. _____

6. Unas pastillas para el dolor son un ejemplo de esto. _____

Los accidentes

Tell what is happening during a busy day in the emergency room by writing the missing word or words in the space provided. Use a different picture to help you each time.

1. Juan se cayó jugando al fútbol. Le duele _____.

2. Perla chocó con otra patinadora y se lastimó _____.

3. Martín necesita usar _____ para caminar.

4. La enfermera le pone una _____ a Paquito.

5. Jorge y Claudia son _____ en el hospital.

6. Ramón tiene que usar una _____.

7. La médica le da una _____ a Isabel porque se lastimó la pierna.

8. Elisa va a visitar a una amiga en la _____.

Capítulo 5B

El accidente de Diego

Complete the following conversation between Ana and Lucía about Diego's accident. Use the pictures to help you.

ANA: ¿No sabes qué le _____ a Diego?

LUCÍA: No, no sé nada. Dime.

ANA: _____ con la escalera en el colegio y _____ .

LUCÍA: ¡Qué horror! ¿Se _____ mucho?

ANA: Oh, sí. Le _____ todo el cuerpo, sobre todo la pierna. Tuvieron

que llevarlo al hospital.

LUCÍA: No lo puedo creer. ¿Está bien?

ANA: No del todo. Se _____ el codo y le pusieron una venda. Y le

dijeron que tenía la pierna _____ y que va a tener que caminar

con _____ .

LUCÍA: ¿Tiene que llevar _____ ?

ANA: Sí, por un mes.

LUCÍA: ¡Qué _____ !

Un desastre

Read the following story about a day when many people were injured. Then, answer the questions that follow in complete sentences.

Parecía un día normal, pero después del primer accidente, todo resultó un desastre. Los Suárez trabajaban en la casa. El papá estaba subiendo la escalera cuando Paquito chocó con ella. El papá se cayó al suelo y Paquito también se cayó. Los dos se lastimaron. El papá se torció el tobillo y la espalda. Paquito tenía una herida en la cabeza.

Luego, la mamá caminaba por el pasillo y sin ver a su hijo y a su esposo, tropezó con ellos. Ella llevaba un paquete que cayó y le hizo otra herida a Paquito. La mamá se cayó sobre el papá y los dos se lastimaron.

Cuando todos pudieron moverse otra vez, Sarita entró en el cuarto y les anunció que acababa de romperse la muñeca y tenía que ir a la sala de emergencia.

1. ¿Qué hacía la familia Suárez en este día tan horrible?

_____.

2. ¿Cuál fue el primer "accidente"?

_____

_____.

3. ¿Qué le pasó a Paquito?

_____.

4. ¿Cómo se sentía el papá después de caerse?

_____.

5. ¿Qué le pasó a la mamá?

_____.

6. ¿Dónde estaban los tres cuando entró Sarita?

_____.

Nombre _____   Hora _____

Fecha _____   Core Practice **5B–5**

El accidente de Luisa

Retell the story of Luisa's accident in the preterite. The first sentence has been done for you.

1. Tengo un accidente.   _____*Tuve*_____ un accidente.

2. Me caigo en la escalera.   Me _____ en la escalera.

3. No puedo levantarme.   No _____ levantarme.

4. Viene la ambulancia.   _____ la ambulancia.

5. Me lleva al hospital.   Me _____ al hospital.

6. Me traen una silla de ruedas. Me _____ una silla de ruedas.

7. Los médicos me examinan.   Los médicos me _____ .

8. Una enfermera me pone una venda en la cabeza. Una enfermera me _____ una venda en la cabeza.

9. Los médicos me dicen que tenía la pierna rota. Los médicos me _____ que tenía la pierna rota.

10. Ellos me ponen un yeso.   Ellos me _____ un yeso.

11. Me enseñan a caminar con muletas. Me _____ a caminar con muletas.

12. Me recetan unas pastillas para el dolor. Me _____ unas pastillas para el dolor.

13. Estoy tres horas en el hospital. _____ tres horas en el hospital.

Todo el mundo estaba ocupado

Look at the drawings and complete the sentences telling what these people were doing at different times during the day yesterday. Use the imperfect progressive tense in your answers. Follow the model.

Modelo A las seis de la mañana la señora Rúa

estaba corriendo .

A las siete y media de la mañana, papá

1. _____ .

A las ocho de la mañana, Pedro

2. _____ .

A las ocho y media de la mañana, los niños

3. _____ con los muñecos.

A las once de la mañana mis amigos y yo

4. _____ comida.

A las tres de la tarde, Teresa

5. _____ una carta.

A las seis de la tarde, mamá

6. _____ la cena.

A las siete y media de la noche, Carlos

7. _____ un libro.

Gramática y vocabulario en uso **107**

Lo que estaba pasando cuando...

A. Read the following paragraph. Then, read the paragraph again and decide whether each verb given should be in the preterite or imperfect progressive tense. Write either a **P** or an **I** in the blank that corresponds to the verb. The first one has been done for you.

Eran las cinco cuando __*P*__ (ocurrir) el accidente. Había mucha gente en las calles.

Mis amigos y yo ____ (caminar) por una calle cuando ____ (ver) el accidente. Yo ____

(correr) entonces ____ (caerse) cuando ____ (oír) el ruido. Yo no ____ (lastimarse) pero

estaba asustado porque era un accidente terrible.

Yo ____ (hablar) con mis padres más tarde y ellos me ____ (decir) que ____ (leer)

cuando ____ (oír) chocar dos coches. Un reportero ____ (decir) que todas las personas

____ (lastimarse) y unos ____ (morir).

Mi abuela ____ (cruzar) la calle cuando un coche casi ____ (chocarse) con ella. Ella

no tenía que ir a la sala de emergencia, pero estaba asustada.

B. Now, write the correct form of the verb in the tense you have indicated above. Follow the model.

| Modelo | __*ocurrió*__ |

1. _____   6. _____   11. _____

2. _____   7. _____   12. _____

3. _____   8. _____   13. _____

4. _____   9. _____   14. _____

5. _____   10. _____   15. _____

Repaso

Horizontal

2. Está en la sala de __.

4. El dentista saca una __ de los dientes.

5. Llevan al enfermo al hospital en la __.

8. la __

10. ¿La médica te __ una pastillas ayer?

15. La __ cuida a los enfermos.

17. Necesito tomar unas __ para el dolor.

19. Te cortaste. Debes ponerte una __.

20. *medicine*

22. María se cortó y le dieron __.

23. No puede jugar porque se __ el tobillo.

24. El coche __ con el árbol.

26. un __

27. El médico le __ una inyección.

Vertical

1. La enfermera le puso una __ por el dolor.

3. una silla de __

6. *muscles*

7. La niña __ con un juguete y se cayó.

9. No puedo usar la mano. Me rompí la __.

11. Jorgito se cortó la __.

12. Me __ mucho la espalda.

13. El médico le dio una __.

14. El niño se cayó y se __ mucho.

16. las __

18. Todavía tiene dolor pero se __ mejor hoy.

21. Esta mañana Luisa se __ el dedo con la tijeras.

25. José se cayó y se rompió el __ de la pierna.

Organizer

I. Vocabulary

Words for parts of the body

_____

_____

_____

_____

_____

Words for medical procedures

_____

_____

_____

_____

Verbs for different types of accidents

_____   _____

_____   _____

II. Grammar

1. Give the preterite forms of these verbs.

decir		traer	
_____	_____	_____	_____
_____	_____	_____	_____
_____	_____	_____	_____

venir		poner	
_____	_____	_____	_____
_____	_____	_____	_____
_____	_____	_____	_____

2. Write the present participles of the following verbs:

decir _____   dormir _____

pedir _____   vestir _____

seguir _____   creer _____

Capítulo 6A

A ver si recuerdas...

Nos gustan estos programas

Use the cues provided to tell which programs everyone likes or is interested in. Follow the model.

Modelo a Felipe/gustar   _Le gustan las comedias._ _____

 a mí / interesar _____

1. _____

 a mis amigos / encantar _____

2. _____

 a nosotros / gustar _____

3. _____

 a Leonor / interesar _____

4. _____

 a ti / encantar _____

5. _____

 a Uds. / gustar _____

6. _____

 a Pilar y a mí / interesar _____

7. _____

 a mí / no importar _____

8. _____

 a Ud. / gustar _____

9. _____

A ver si recuerdas...

¿Qué hacemos esta noche?

Read the conversation between Sara and José about what they want to do tonight and answer the questions that follow.

SARA: ¿Qué quieres hacer esta noche? ¿Te interesa ver un programa de televisión?

JOSÉ: Vamos a ver qué dan en la televisión. Aquí tengo el periódico. Voy a leer qué programas hay. Bueno, en el canal nueve hay un programa de concursos y en el doce hay un programa de la vida real. ¿Cuál prefieres ver?

SARA: Ninguno de los dos, José. ¿No dan películas esta noche?

JOSÉ: Parece que hay una película policíaca a las ocho. ¿Quieres verla?

SARA: No me gustan las películas violentas. ¿Por qué no vamos al cine? Están dando una película romántica en el centro. Los actores son muy buenos.

JOSÉ: No me gustan las películas románticas. Son tontas. ¿Por qué no vamos a ver una película de ciencia ficción?

SARA: De acuerdo. Me gustan las películas de ciencia ficción. Y están dando una muy interesante aquí.

1. ¿Cómo sabe José qué programas hay en la televisión?

_____

2. ¿Qué dan en el canal nueve? ¿Y en el doce?

_____

3. ¿Cuál de los dos programas de televisión quiere ver Sara?

_____

4. ¿Por qué no quiere ver Sara la película que dan a las ocho?

_____

5. ¿Adónde quiere ir Sara?

_____

6. ¿Por qué le interesa a Sara la película romántica?

_____

7. ¿Cómo son las películas románticas, según José?

_____

8. ¿Qué deciden hacer Sara y José por fin?

_____

¿Qué ves?

Complete the sentences below with the correct word or words. Use the illustrations to help you.

1. _____ anuncia los nombres de los ganadores.

2. A Cecilia le encanta ser _____ del carnaval.

3. ¡_____ se vuelven locos!

4. José Alberto ganó _____ . La presentadora le entregó un cheque de un _____ de pesos.

5. Diez mujeres participan en el _____ de _____ .

6. _____ aconseja a los jugadores de su equipo.

7. El programa de premios es en _____ .

Capítulo 6A

¡Mi equipo es mejor!

A. Find out what Pedro and Pablo think about their respective teams by filling in the words to complete their conversation. Each dash represents one letter.

PEDRO: Me pongo muy __ m o __ __ o ◯ __ __ o cada vez que mi equipo

gana el __ __ m __ __ __ n ◯ __ __.

PABLO: Y tu equipo lo ganó __ o __ tercera vez el año pasado. Pero este año no van a

ser los campeones.

PEDRO: ¿Qué dices, chico? Mi equipo es el mejor de la _l_ __ __ ◯. Tiene los mejores

jugadores.

PABLO: Bueno, sí *era* el mejor. Pero el equipo mío tiene jugadores fenomenales y al

__ __ n __ __ van a ser los campeones de la liga.

PEDRO: Es cierto que tu equipo tiene algunos __ __ _l_ __ __ __ ◯ tremendos.

Saben jugar muy bien. Pero nuestro entrenador es mejor.

PABLO: Tu equipo __ __ ◯ __ __ ó muchos partidos este año. No van a ganar

muchos. ¡Y, muchos partidos terminaron en un __ m __ __ ◯ __! No es

muy bueno.

PEDRO: No importa. Van a ganar el campeonato otra vez. Mi equipo

__ o m __ __ __ ◯ con más emoción y energía que el equipo tuyo.

PABLO: La __ o m ◯ __ __ __ n __ __ __ entre nuestros equipos es

siempre muy emocionante. Pero estoy seguro de que mi equipo va a ganar con el

__ __ n __ __ o de 5 a 0.

PEDRO: No, mi amigo. ¡Mi equipo va a ganar el campeonato por cuarta vez!

B. Now, unscramble the circled letters to find out the name of the team that won the championship.

L a s __ __ __ __ __ __ __ __ __

Un partido fenomenal

A. Below is the scrambled story of yesterday's soccer game between the **Lobos** and the **Águilas** (Lobos are in the light-colored jerseys and Águilas are in the dark jerseys). Number the drawings in the order in which they occurred, with **1** being the first event and **8** the last.

_____ _____ _____ _____

_____ _____ _____ _____

B. Now, tell whether each statement about the game is **cierto** or **falso** by circling the correct answer.

1. Los aficionados se aburrieron en el partido.   **cierto**   **falso**

2. Mena metió el gol final.   **cierto**   **falso**

3. Sánchez metió dos goles.   **cierto**   **falso**

4. El partido terminó en un empate.   **cierto**   **falso**

5. Los Lobos perdieron.   **cierto**   **falso**

6. Los aficionados de los dos equipos aplaudieron.   **cierto**   **falso**

7. Después del partido hubo una entrevista con Sánchez y Mena.   **cierto**   **falso**

Un artículo en el periódico

Read the following article about the soccer championship, then answer the questions that follow.

Equipo de San Fernando gana el campeonato

En los últimos segundos de un partido emocionante ayer por la tarde, ganó el campeonato del estado el equipo de fútbol de nuestra ciudad. El partido empezó con un gol que metió nuestro jugador Lorenzo Morales, pero unos minutos después metió un gol el jugador Alberto Lamas del equipo de Puerto de Palma y resultó un empate. Todo el mundo creía que así iba a terminar el partido cuando Mauricio Ledesma metió otro gol. El público se volvió loco.

En una entrevista en la televisión, Ledesma le dijo al locutor que cuando metió el gol no lo podía creer. Se sintió alegre y emocionado. Él es ahora el héroe de San Fernando y todo el mundo habla de su gol fenomenal.

1. ¿Qué equipo ganó el campeonato de fútbol?

_____

2. ¿En qué momento del partido ganaron?

_____

3. ¿Qué hicieron Lorenzo Morales y Alberto Lamas?

_____

4. ¿Cuál fue el tanteo durante casi todo el partido?

_____

5. ¿Cómo creían todos que iba a terminar el partido?

_____

6. ¿Qué hizo el público cuando Ledesma metió el gol?

_____

7. ¿Cómo se sintió Ledesma cuando supo que él ganó el campeonato?

_____

8. ¿De qué habla todo el mundo en San Fernando?

_____

Una noche fenomenal

Marcos and Ana María went out on Saturday night. Use the preterite of the appropriate verb from the box to complete the sentences below about their evening. Follow the model.

servir la comida	divertirse mucho
pedir espaguetis	preferir un restaurante italiano
reírse mucho	~~preferir ir al cine~~
seguir por la calle Miraflores	

Había un concierto muy bueno pero Marcos y Ana María _____
prefirieron ir al cine _____.

1. Pasaban una comedia y Marcos y Ana María _____
_____.

2. Después de la película Marcos y Ana María _____
_____.

3. Marcos _____.

4. Marcos y Ana María _____.

5. El camarero _____.

6. Marcos y Ana María _____.

Situaciones diferentes

Complete the following conversations with the preterite of the infinitives in the word bank. Not all of the infinitives will be used. Follow the model.

aburrirse	~~casarse~~
divertirse	dormirse
lavarse	ponerse
cepillarse	volverse
sentirse	enojarse

Modelo — ¿Fuiste a la boda de Bernardo y Lucía?

— Sí, ___se casaron___ el domingo pasado en la iglesia del barrio.

1. — ¿No te gustó la película?

   — No, me pareció muy larga y muy poco interesante. Yo _____ mucho.

2. — ¿Por qué está enojada la profesora?

   — Ella _____ porque nadie hizo la tarea.

3. — ¿Qué le pasó a papá?

   — Papá _____ furioso porque Diego usó el coche y tuvo un accidente.

4. — ¿Dónde están los niños?

   — Tenían tanto sueño que _____ a las ocho.

5. — Elena parece muy contenta.

   — Salió con sus amigas y _____ mucho.

6. — No me gusta cuando nos peleamos.

   — De acuerdo. Yo _____ mal la última vez que no nos llevamos bien.

7. — Parece que el público se portó muy mal en el estadio.

   — Sí. Todos _____ locos cuando su equipo perdió el campeonato.

8. — ¿Qué hiciste cuando tuviste una cita con Elena?

   — _____ la cara y me arreglé el pelo.

El campeonato

Answer the following questions in complete sentences based on the drawings below.

A.

1. ¿Qué hizo el jugador número once?

_____

2. ¿Cómo estuvieron los aficionados? ¿Parece que se aburrieron?

_____

3. ¿Cómo se puso el portero (*goalkeeper*)?

_____

4. ¿Qué resultó del gol del número once?

_____

5. ¿Parece que los jugadores compitieron con emoción? Explica.

_____

_____

B.

6. ¿Qué ganó el jugador número once?

_____

7. ¿Cuál fue el tanteo al final?

_____

8. ¿Qué hace el número once ahora?

_____

9. ¿Parece que el público se divirtió? Explica.

_____

_____

Capítulo 6A

Repaso

Horizontal

1. Cuando Teresa ganó se puso muy ____.
3. Estos atletas son ____. ¡Qué buenos!
5. ¿El ____ final del partido? Cinco a tres.
6. ¿Te ____ furioso porque tu equipo perdió?
7. Este jugador metió un ____.
10. Los aficionados se ____ locos.
11. Vamos a escuchar el ____ del presentador.
15. Alicia ganó el ____ de belleza.
16. Ellos están ____ porque tienen que esperar por mucho tiempo.

18. Yo gané el ____.
19. Raúl se ____ cuando su equipo perdió el partido.
21. Le entregaron un cheque de dos ____ de pesos.

22. El niño se ____ anoche.

Vertical

2. Los aficionados ____.
3. Al ____ del campeonato hablaron los campeones.
4. ____ la ____.
8. Los jugadores se enojaron con su ____.
9. ¿Cuál equipo ganó el ____?
11. Ese equipo no ____ en el campeonato este año.
12. Nos ____ mucho porque no pasaba nada.
13. Había mucho público en el ____.
14. El partido terminó en un ____.
17. Nuestro equipo ganó el campeonato por segunda ____.
20. Cada ____ tiene diez equipos.

120 *Repaso del capítulo* — *Crucigrama*

Organizer

I. Vocabulary

Words to talk about a sporting event

_____

_____

_____

_____

_____

Words to talk about a contest

_____

_____

_____

_____

_____

Verbs used to talk about how you feel

_____

_____

II. Grammar

1. How is the preterite of **-ir** stem-changing verbs different from the preterite of **-er** and **-ir** stem-changing verbs?

   _____

   _____

2. Give the preterite forms of these verbs.

   divertirse

   _____   _____

   _____   _____

   _____   _____

   dormirse

   _____   _____

   _____   _____

   _____   _____

3. How does Spanish often express the idea of "to get" or "to become?"

   _____

¿Quiénes son?

Complete the sentences below with the word or words that correspond to the illustrations.

1. Vimos _____ en una película de ciencia ficción.

2. El _____ de esta película romántica es muy guapo.

3. Hay cuatro _____ principales en esta película.

4. Romeo y Julieta compartieron un _____ fuerte.

5. Me gusta el héroe de esta _____.

6. Los _____ roban el banco.

7. Nos fascina esta _____. Es talentosa.

8. Los _____ capturan al _____.

9. No podían identificar a _____.

Capítulo 6B

¿Qué piensan?

Find out what Matilda and Roberto think about some films by completing their conversation with words from your vocabulary. Each dash represents a letter.

MATILDA: Los __ __ í __ __ __ __ __ dicen que esta película es excelente.

Leí un artículo en el periódico.

ROBERTO: Mis amigos me la __ __ __ __ m __ __ __ d __ __ también.

Y a mi hermano le f __ __ __ __ __ __ ó .

MATILDA: Yo h __ __ __ __ t __ otras películas de este

d __ __ __ __ __ __ o __ . Sus películas tienen buenos

__ __ g __ m __ __ __ __ __ que no son muy complicados.

ROBERTO: Y los __ __ __ c __ __ __ especiales son muy interesantes.

MATILDA: Parece que Juan Domínguez h __ __ __ __ l __ __ __ __ l

del detective que busca a unos ladrones. Él es muy buen actor.

ROBERTO: La __ c __ __ __ __ c __ ó __ es fantástica. Todos los actores deben

ganar el premio. Yo vi a los actores en otra película. Tenía un argumento

semejante (*similar*), de un detective que __ r r __ __ __ __ a un

criminal que __ __ __ ó un banco.

MATILDA: Esta película que vamos a ver se __ r __ __ __ __ d __ un crimen y

también del amor. Parece que el galán __ __ __ __ __ __ m __ r

d __ la criminal. Creo que ellos se casan al final.

Una nueva obra de teatro

Marta and Damián are talking about some new theater productions. Complete their conversation with the missing words or phrases.

1. — ¿Te gustó la nueva obra de teatro?

    — Sí, mucho. El argumento está _____ en uno de mis

    cuentos favoritos.

2. — A mí me gustó también, pero había demasiada _____.

    — Pero sólo mataron a dos personas.

3. — ¿La otra nueva obra de teatro fue un éxito?

    — No, fue _____. Nadie vino a verla.

4. — No comprendo por qué. Los actores son buenos, ¿verdad?

    — Sí, el hombre que hace _____ del padre fue muy bueno.

5. — ¿Quién fue? ¿Antonio Rivera?

    — Sí, él es un actor que siempre tiene _____. Todas sus

    películas son buenas.

6. — ¿Y la obra es interesante?

    — A mí me parece que sí. Tiene _____ muy emocionante.

    Pero es un poco complicado.

7. — La obra trata de un crimen, ¿no?

    — Sí, un ladrón _____ una casa y _____ a

    la familia que vive en la casa. Es un poco triste.

8. — ¿Y qué pasa al final?

    — La policía _____ al ladrón y lo arresta.

El crimen

Look at the picture below of a "Hollywood" robbery scene that is being filmed for a new movie. Study the scene and answer the questions that follow.

1. ¿De qué se trata esta escena?

_____

_____

2. ¿Quiénes son los personajes principales?

_____

_____

3. ¿Cuál es el argumento?

_____

_____

4. ¿Hay violencia en la escena? Explica.

_____

_____

5. ¿Hay víctimas aquí? ¿De qué son víctimas?

_____

_____

6. ¿Cómo crees que va a terminar esta película? ¿Van a ganar los malos o van a ganar los buenos? Explica.

_____

_____

_____

_____

El por qué de las cosas

Why do the people below feel the way they do? Using phrases from the word bank, write a complete sentence to explain each statement. Follow the model.

molestar mucho/los mosquitos	quedar mal/la falda que tiene
no gustar/la violencia	doler/un diente
encantar/los postres	interesar/la historia
fascinar/las películas	parecer triste/el argumento
~~aburrir/la ciencia ficción~~	

Modelo   Pedro no quiere ver la película sobre los extraterrestres.
Le aburre la ciencia ficción .

1. Los niños quieren más helado.

   _____ .

2. Yo tengo que ir a ver al dentista.

   _____ .

3. Nosotros queremos estudiar las ciudades antiguas.

   _____ .

4. María tiene que comprar otra falda.

   _____ .

5. Todos lloran cuando ven esa película.

   _____ .

6. José no quiere ver la película policíaca porque muere mucha gente.

   _____ .

7. Consuelo va al cine dos veces por semana.

   _____ .

8. Tratas de matar ese mosquito.

   _____ .

Empieza la fiesta

Carolina is in charge of tonight's surprise party. She is checking to make sure that everything has been done. Answer each of her questions in a complete sentence. Follow the model.

Modelo ¿Quién va a alquilar la película? (José)

José ya la ha alquilado

.

1. ¿Quién va a pedir la pizza? (Margarita y yo)

   _____.

2. ¿Quién va a hacer las galletas? (Isabel)

   _____.

3. ¿Quién va a traer los refrescos? (Luis y Paco)

   _____.

4. ¿Quién va a poner la mesa? (yo)

   _____.

5. ¿Quién va a llamar a Luisa? (Francisco)

   _____.

6. ¿Quién va a escoger la música? (nosotros)

   _____.

7. ¿Quién va a romper la piñata? (Carlos)

   _____.

8. ¿Quién va a arreglar la sala? (Marta)

   _____.

¿Cómo se escribe?

Order each group of words into a logical sentence using the present perfect. Follow the model.

Modelo   el criminal / arrestar / el detective / a

El detective ha arrestado al criminal _____.

1. tener que / el examen / Jesús / para / estudiar

   _____.

2. una película policíaca / yo / ver

   _____.

3. le / escribir / Javier / esta semana / a Sarita

   _____.

4. los ladrones / la casa / robar / el dinero / de

   _____.

5. la tienda / de / nosotros / alquilar / un video

   _____.

6. comentarios / la crítica / la película / sobre / hacer

   _____.

7. capturar / la policía / los criminales / a

   _____.

8. recomendar / Pilar / me / una película romántica

   _____.

9. tratar de / Linda / matar / el mosquito

   _____.

10. una película de acción / Juan / alquilar

   _____.

Repaso

Horizontal ──────────

1. Mi amiga me ____ la obra.
   Por eso la voy a ver.

3. No es ni hombre ni mujer.

   Es ____.

6. No hemos ____ la
   película todavía.

10. ____ a la criminal.
    El policía ha

13. El hombre ____ el mosquito.

16. No nos gustó el ____ de
    la obra.

17. El argumento está ____
    en una novela policíaca.

19. A Antonio le ____ la
    actuación.

21. Esa película de acción fue un ____.
    Nadie vino a verla.

24. Los aficionados están ____ de la
    estrella de cine.

Vertical ──────────

2. El ____ ha escrito artículos sobre el
   cine.

4. Hay muchos crímenes, víctimas y ____
   en la película.

5. Estos actores han tenido mucho ____.

7. Los ____ robaron el banco.

8. Es un ____ muy talentoso.

9. La película tiene muchos ____
   especiales.

11. Hemos ____ un video de la tienda.

12. El ____ principal es muy simpático.

14. —¿Cuál es el argumento?
    —La película ____ del amor.

15. El ____ de la obra es muy guapo.

18. No hay acción hasta la última ____.

20. El detective ____ al criminal.

22. Alberto aprende a ser actor estu-
    diando la ____.

23. Sofía hace el ____ de la reina.

Organizer

I. Vocabulary

Words for types of movie characters	Words for actions often seen in movies
_____	_____
_____	_____
_____	_____
_____	_____
_____	

Words for making movies	Words for types of movies
_____	_____
_____	_____
_____	_____
_____	_____

II. Grammar

1. List eight verbs that usually appear with an indirect object pronoun.

    _____   _____

    _____   _____

    _____   _____

    _____   _____

2. How is the present perfect tense formed?

    _____

3. Where are object pronouns placed in the present perfect?

    _____

4. What are the past participles of the following verbs?

    decir   _____   hacer   _____   romper   _____

    devolver _____   morir   _____   ver   _____

    escribir _____   poner   _____   volver   _____

Capítulo 7A

A ver si recuerdas...

Me encanta comer

Your teacher is taking a survey on what your classmates eat and how they prepare for meals. Use the cues provided to complete each person's response. Follow the model.

Modelo   yo / venir _____*Vengo*_____ a la cafetería para comer el almuerzo.

1. yo / conocer _____ una buena tienda de frutas.

2. yo / hacer _____ bistec y espaguetis hoy.

3. yo / mantener _____ la salud comiendo ensalada.

4. yo / decir _____ que el pescado es bueno para la salud.

5. yo / poner _____ la mesa antes de preparar la cena.

6. yo / salir _____ a cenar a las ocho cuando voy a un restaurante elegante.

7. yo / ofrecerle _____ unas fresas a mi amiga cuando las tengo.

8. yo / tener _____ hambre hoy, y quiero comer papas fritas.

9. yo / oír _____ las noticias sobre cómo mantener la salud, y voy a comer más frutas.

10. yo / obedecer _____ a mis padres cuando dicen que debo comer mis verduras.

A ver si recuerdas...

¡Nos gusta comer!

The illustrations below represent people's health regimens. Identify each item and write what each person does in the spaces provided. Follow the model.

Modelo   Yo _____*hago un pollo*_____ para ser saludable.

1. Paco y Alberto _____ todos los días por la mañana.

2. Guillermo _____ comiendo bien y levantando pesas.

3. Yo _____ dos horas cada día.

4. Los estudiantes _____ ocho vasos de _____ todos los días.

5. Anita _____ cada día.

6. Alonso _____ tres veces a la semana.

7. Paquita _____ porque es bueno para la salud.

¿Qué hay en tu cocina?

Complete the following sentences based on the drawings.

1. Lorenzo pone una cucharada de aceite en _____ .

2. Celia enciende _____ .

3. El señor Olivera calienta su cena en _____ .

4. La señora Padilla mete el pavo en _____ .

5. Hay muchos refrescos en _____ .

6. Tenemos que lavar los platos que están en

_____ .

7. La señora Márquez prepara una sopa en una

_____ muy grande.

8. La comida se calienta en _____ de la estufa.

Nuestra comida sabrosa

Find out what Regina and Sandra are cooking for dinner tonight by completing their conversation. Each dash represents a letter.

REGINA: Sandra, prueba el caldo, por favor. ¿Necesito ___ ñ ___ ___ ___

más sal?

SANDRA: No, Regina, no necesitamos más sal. Está bueno. Yo hiervo los

___ a ___ a ___ ___ ___ ___ ___ ahora. ¡Me encantan los mariscos! Vamos a

servirlos como primer plato. Ya preparé la s ___ l ___ ___ . Tiene mucho ajo.

REGINA: ¿La hiciste aquí o la compraste en el supermercado?

SANDRA: La hice aquí en casa porque no me gustan las salsas

___ ___ ___ a ___ a ___ a ___ ni las congeladas.

REGINA: Yo también prefiero la comida ___ r ___ ___ ___ ___ . La comida preparada

con i ___ ___ ___ ___ ___ i ___ ___ ___ ___ s frescos como los tomates y

el ajo es mejor.

SANDRA: Muy bien. Yo puse el pollo en el ___ ___ ___ n ___ a cocinar y ahora enciendo

el fuego en la estufa. Necesito c ___ ___ ___ n ___ ___ ___ las papas antes

de servirlas.

REGINA: Y yo hago la ensalada. Siempre m ___ ___ ___ ___ ___ o el vinagre con el

___ c ___ ___ ___ e . Es sabroso. Quizás añado una

___ ___ ___ h ___ ___ d ___ de ___ ___ o picado también. ¡Qué bueno!

SANDRA: Saco el postre del ___ ___ e f ___ ___ ___ g ___ e ___ ___ ___ ___ o ___ y todo está

listo para comer.

REGINA: ¡Por fin podemos probar esta ___ ___ ___ c ___ t ___ ___ tan sabrosa! Tiene

muchos buenos ingredientes.

En la cocina

Mrs. Benítez is showing her daughter Magali how to get a meal ready for company. Complete what she tells Magali with the correct form of the appropriate word.

1. Si no te gusta la sopa, debes _____ más sal.

2. Saca los platos, los tenedores, los cuchillos y las cucharas. Tienes que

   _____ la mesa para ocho personas.

3. No _____ de los vasos. Son tan necesarios como los platos.

4. No debes usar pedazos de ajo tan grandes. Hay que _____ los.

5. Hay que _____ el horno para poder cocinar la carne.

6. Debes _____ la carne en el horno por dos horas.

7. _____ la carne con papas fritas y legumbres.

8. Tienes que _____ las papas primero. Debes

   _____ las sin la piel (*skin*).

9. Dejaste el fuego encendido (*lit*) en la estufa. Debes _____ lo.

10. Necesitamos _____ todos los ingredientes para hacer la salsa.

11. Vamos a poner el agua en la olla. Debemos _____ la para
    tener una salsa caliente.

12. Tienes que _____ la salsa a menudo para ver si necesita más
    sal o pimienta.

Preparando comida

Answer the following questions in complete sentences based on the drawings.

¿Qué hace Marta con la sopa? _____

1. _____ .

¿Qué hace José con el ajo? _____

2. _____ .

¿Cómo está el café? _____

3. _____ .

¿Cómo se hace el arroz? _____

4. _____ .

¿Qué hace Marcos? _____

5. _____ .

¿Qué hizo Felipe con el aceite? _____

6. _____ .

¿Qué va a hacer María con el ajo? _____

7. _____ .

¿Con qué se sirve la paella? _____

8. _____ .

¡Qué mal cocinero!

Mrs. Bermúdez is giving her son Pablo advice about cooking. Everything he thinks he should do, he shouldn't. Write her answers to Pablo's questions using **tú** commands. Follow the model.

Modelo ¿Debo apagar el horno? (la estufa)

No, no lo apagues. Apaga la estufa   .

1. ¿Debo picar el arroz? (los ajos)

   _____ .

2. ¿Debo tirar la leche? (el agua)

   _____ .

3. ¿Debo poner el arroz en el microondas? (en la olla)

   _____ .

4. ¿Debo pelar los tomates? (las papas)

   _____ .

5. ¿Debo hacer los espaguetis? (los huevos)

   _____ .

6. ¿Debo freír la ensalada? (el pollo)

   _____ .

7. ¿Debo cortar la lechuga? (las cebollas)

   _____ .

8. ¿Debo añadir azúcar a la paella? (sal)

   _____ .

9. ¿Debo mezclar el aceite con los tomates? (el vinagre)

   _____ .

10. ¿Debo hervir los huevos en la sartén? (la olla)

   _____ .

Enseñando a cocinar

Answer your friend's questions about cooking using the impersonal **se** and the cues provided. Follow the model.

Modelo ¿Qué hago para preparar este plato? (picar / ajos)

_____*Se pican los ajos*_____ para preparar este plato.

1. ¿Qué debo comprar para hacer una paella? (usar / muchos mariscos)

   _____ para hacer una paella.

2. ¿Qué comen Uds. con la paella? (servir / una ensalada)

   _____ con la paella.

3. ¿Cómo cocinamos el pollo? (poner / en el horno)

   _____ el pollo

   _____ .

4. ¿Qué pongo en el caldo? (añadir / sal)

   _____ al caldo.

5. ¿Para este plato compramos ingredientes frescos? (usar / comida enlatada) Sí, no

   _____ .

6. ¿Cómo hacemos la paella? (preparar / en la sartén)

   _____ la paella

   _____ .

7. ¿Qué haces con las legumbres congeladas? (calentar / en el microondas)

   _____ las legumbres congeladas

   _____ .

8. ¿Y los huevos? (batir / los huevos)

   _____ para esta receta.

Cocinando juntos

Create dialogues between two friends working in the kitchen. One friend asks a question using the impersonal **se**, the other responds with a negative **tú** command. Replace any direct object nouns by the corresponding pronouns.

Modelo añadir la sal ahora

—¿_Se añade la sal ahora_____?

—__ _No, no la añadas ahora_____.

1. calentar la salsa

—¿_____?

—_____.

2. freír los ajos

—¿_____?

—_____.

3. encender la estufa

—¿_____?

—_____.

4. dejar la olla en la estufa

—¿_____?

—_____.

5. mezclar los ingredientes

—¿_____?

—_____.

6. batir los huevos

—¿_____?

—_____.

7. pelar los tomates

—¿_____?

—_____.

8. apagar la estufa

—¿_____?

—_____.

Repaso

Horizontal

1. el ___ de oliva

5. *Turn on.*

7. Nos encantan las frutas y las verduras ___.

8. El agua ya ___. Echa el arroz.

10. Según la receta, se añade una ___ de vinagre.

12. Me encanta la paella, especialmente los ___.

16. ___ el ___

17. ___ (tú) los huevos bien antes de freírlos.

18. la ___

19. No te ___ de apagar el fuego.

20. Se puede freír en la ___.

21. Esta receta tiene muchos ___.

Vertical

2. No ___ (tú) el aceite. Lo vas a necesitar.

3. No ___ (tú) el ajo con ese cuchillo.

4. No ___ (tú) las papas todavía.

5. La comida es ___.

6. ___ (tú) la salsa y dime si necesita más sal.

9. Se sirve el bistec con papas ___.

10. No se puede preparar la carne porque está todavía ___.

11. Saca el queso del ___.

12. Calienta la comida en el ___.

13. Enciende el fuego y ___ el caldo.

14. Pon el plato en el ___ y déjalo por dos horas.

15. Corta el ajo en ___ pequeños.

Organizer

I. Vocabulary

Words for food

_____

_____

_____

_____

Words for items in the kitchen

_____

_____

_____

_____

Verbs for food preparation

_____

_____

_____

_____

Other words to talk about cooking

_____

_____

_____

_____

II. Grammar

1. To form negative **tú** commands, drop the letter ____ from the present-tense ____ form and add the letters ____ for **-ar** verbs and the letters ____ for **-er** and **-ir** verbs.

2. Give the negative **tú** command for these verbs.

   hablar no _____   **ofrecer** no _____   **buscar** no _____

   ir no _____   **dar** no _____   **empezar** no _____

   ser no _____   **estar** no _____   **decir** no _____

3. What does the impersonal **se** signify?

   _____

4. What form of the verb is used in the impersonal **se** construction?

   _____

Un picnic normal

Complete the following sentences with the vocabulary word suggested by the picture.

1. Hay muchas _____ en el cielo.

2. Es difícil andar por este sendero porque tiene

   muchas _____ .

3. Las _____ les molestan a los chicos.

4. ¡Las _____ están comiendo el pan que trajimos!

5. María Luisa trae _____ para hacer un fuego.

6. Rafael ha sacado un _____ para encender la fogata.

7. Micaela prepara la carne en la _____ .

8. Antonio pone _____ en su carne.

9. También hay _____ para el almuerzo.

¡Qué bien comer afuera!

The Estévez and Fernández families are getting together in the backyard for a barbecue. Write what each person does at the reunion in the space provided. Follow the model.

Modelo Lupe y Paco _comen al aire libre_.

1. Daniel ___.
2. Regina ___.
3. Papá ___.
4. La madre va a ___.
5. La señora Fernández ___.
6. Graciela y Lucía ___.
7. La familia Estévez ___.

Vocabulario en contexto **143**

Un picnic horrible

The Ramos family went on a picnic this weekend, but it did not go well. Answer the following questions in complete sentences based on the drawings.

Modelo ¿Por qué no hicieron el picnic allí?

No hicieron el picnic allí porque el suelo estaba mojado .

1. ¿Por qué no comieron en el picnic? _____

_____ .

2. ¿Por qué no asaron las chuletas? _____

_____ .

3. ¿Qué no trajo la hermana? _____

_____ .

4. ¿Qué se llevaron las hormigas? _____

_____ .

5. ¿Qué se le olvidó a Enrique para hacer el guacamole? _____

_____ .

6. ¿Por qué Angélica no pudo encender la parrilla? _____

_____ .

7. ¿Por qué Esteban no quiso comer la tortilla? _____

_____ .

¡Qué parrillada!

Read the conversation between Mr. Rubio and his students at their class barbecue. Then, answer the questions that follow in complete sentences.

SR. RUBIO: Muchachos, den una caminata en este sendero pero tengan cuidado.

PABLO: Señor Rubio, yo no quiero caminar más. Tengo hambre. ¿Cuándo vamos a comer?

SR. RUBIO: Vamos a hacer la parrillada muy pronto. El señor Salinas está haciendo la fogata. Coman cerezas o duraznos mientras esperan.

MARCOS: Pero yo prefiero comer carne asada con frijoles.

SR. RUBIO: Entiendo, Marcos, pero la fogata no está todavía. ¿Por qué no traen más leña? Y luego abran la cesta y saquen la carne. Pero no pongan la comida en el suelo porque hay hormigas por todas partes.

PABLO: (*sacando comida*) Aquí tiene Ud. mayonesa, maíz, cerezas…

MARCOS: …duraznos, salsa de tomate, mostaza y nada más.

SR. RUBIO: No puede ser. ¿Dónde está la carne de res?

PABLO: No queda nada dentro, señor. Creo que Ud. se olvidó de traerla.

SR. RUBIO: Lo siento, chicos. ¡Hagan ahora unos sándwiches de mayonesa y mostaza! No tenemos que esperar.

1. ¿Por qué no quiere Pablo dar una caminata?

_____.

2. ¿Quién hace la fogata?

_____.

3. ¿Para qué es la fogata?

_____.

4. ¿Qué quiere comer Marcos?

_____.

5. ¿Por qué no deben poner la comida en el suelo?

_____.

6. ¿Qué hay en la cesta?

_____.

7. ¿Por qué no van a comer carne?

_____.

8. ¿Qué van a comer?

_____.

Cómo hacer una buena parrillada

Mr. Álvarez has a lot of questions about camping. What advice can you give him? Use the drawings and the verbs given to help you. Use **Ud.** and **Uds.** commands in your answers.

Modelo   (poner) ¿Qué debo hacer con las cestas?
Póngalas en la mesa. _____

(traer) ¿Qué necesitamos hacer ahora para encender el fuego? _____.

1. _____.

(ir) ¿Dónde podemos encontrarla? _____

2. _____.

(buscar) ¿Qué clase de lugar es bueno para la fogata? _____

3. _____.

(no dejar) ¿Dónde debo poner los fósforos? _____

4. _____.

(sacar) ¿Qué necesitamos ahora? _____

5. _____.

(no olvidarse) Creo que lo tengo todo. _____

6. _____.

(cortar) ¿Qué debemos hacer con las chuletas? _____

7. _____.

(servir) ¿Con qué debemos servir las chuletas? _____

8. _____.

Por allí

A. Indicate why **por** is used in each of the following cases. Choose the letter of the reason from the box.

> **a.** to indicate length of time or distance
> **b.** to indicate movement through, along, or around
> **c.** to indicate an exchange of one thing for another
> **d.** to indicate reason or motive
> **e.** to indicate a substitution or action on someone's behalf
> **f.** to indicate means of transportation or communication

1. _____ Este lugar no es bueno por estar demasiado mojado.

2. _____ Hay que cocinar la sopa por una hora.

3. _____ Te doy mis papas fritas por tu sándwich.

4. _____ Yo puedo jugar por ti si no puedes ir al partido.

5. _____ Caminamos por el bosque buscando leña.

6. _____ Viajamos por tres horas en coche.

7. _____ ¿Por qué no nos hablamos por teléfono?

B. Complete the following conversation with the **por** where necessary. If **por** is not required, mark the blank with an **X**. The first one has been done for you.

MARTÍN: Me gustaría (1) _____**X**_____ hacer una parrillada.

PABLO: A mí también. Hoy (2) _____ la tarde la podemos hacer. Yo tengo chuletas de cerdo. ¿Te gustan?

MARTÍN: (3) _____ lo general prefiero la carne de res, pero el cerdo también me gusta. ¿Dónde compraste (4) _____ la carne? ¿Costó mucho?

PABLO: No, pagué (5) _____ diez dólares (6) _____ cuatro chuletas.

MARTÍN: Vamos a caminar (7) _____ el sendero del bosque hasta encontrar un lugar seco. Allí haremos la fogata.

PABLO: Creo que las chuletas se cocinan (8) _____ unos veinte minutos.

MARTÍN: ¿Quieres papas también?

PABLO: Sí, (9) _____ supuesto.

MARTÍN: Entonces yo voy a comprar papas. Y refrescos también.

PABLO: Muy bien. Y trae fósforos también, (10) _____ favor.

Gramática y vocabulario en uso   **147**

Niños, ¡hagan lo que digo!

Ángela and Ramón are going camping for the first time. Their father gives them advice. Use **Uds.** commands to find out what he tells them, then combine the elements to write complete sentences. Use **por** when necessary.

Modelo levantarse temprano / la mañana
Levántense temprano por la mañana .

1. ir al campo / tren

_____ .

2. comprar los boletos / cinco dólares

_____ .

3. viajar / una hora

_____ .

4. buscar un lugar / el lago

_____ .

5. caminar / el sendero del bosque

_____ .

6. andar / el bosque para buscar leña

_____ .

7. comer / la tienda de campaña

_____ .

8. encender la fogata / la tarde

_____ .

9. charlar / la fogata

_____ .

Capítulo 7B   Fecha _____   Core Practice **7B-8**

Repaso

Horizontal ————————

1. ____ (Ud.) la carne a la parrilla.
4. ____ (Ud.) la tortilla de maíz.
6. Prepare el guacamole con estos ____ .
9. Niños, ¡no ____ con los fósforos!
11. ¡Qué cerezas más ____ !
12. [image] Se pueden ver muchas ____ hoy.
15. Nos encanta la carne ____ .
17. [image] Estamos muy ____ .
18. ____ Uds. más leña para la fogata.
20. Compre ____ para hacer el pan.
21. ____ Uds. frijoles con la carne.
23. ____ (Ud.) cuidado por los mosquitos.

Vertical ————————

2. No ____ (Ud.) de la casa.
3. No ____ (Uds.) por ese sendero.
5. [image] ¡Cuánto nos molestan las ____ !
7. Se venden duraznos en este ____ .
8. Deje sus zapatos sucios ____ de la casa.
10. No ponga la cesta en el ____ .
13. La salsa tiene un ____ muy rico.
14. No ____ (Uds.) la parrillada aquí porque hay hormigas.
16. ____ (Uds.) una caminata por el bosque.
19. Esta carne de res es muy ____ .
22. Señora, ____ (Ud.) las chuletas a la parrilla.

Repaso del capítulo ━ *Crucigrama* **149**

Organizer

I. Vocabulary

Words for picnic foods

_____

_____

_____

_____

Words describing foods and the outdoors

_____

_____

_____

_____

Verbs to talk about the outdoors

_____

_____

_____

_____

Words to talk about eating outdoors

_____

_____

_____

_____

II. Grammar

1. To form **Ud.** and **Uds.** commands, use the present-tense _____ form. Then, add the letter _____ or the letters _____ for **-ar** verbs and the letter _____ or the letters _____ for **-er** and **-ir** verbs.

2. What spelling changes take place in **Ud.** and **Uds.** commands in verbs ending in **-car, -gar,** and **-zar**?

    _____

3. Give the **Ud.** command form for these verbs:

    dar _____ **ir** _____ **ser** _____ **hacer** _____

4. List four uses of **por.**

    _____

    _____

    _____

Capítulo 8A

A ver si recuerdas...

Hablando de las vacaciones

Complete the sentences below to find out what everyone did while on vacation. Use the scrambled words to help you.

Modelo Yo esquié en las _____montañas_____ .
(ñnamtosa)

1. Lisa y Paco fueron de compras al _____ al aire libre.
(doremac)

2. Jorge y Elena nadaron en la _____ del hotel.
(cinapsi)

3. Fui al _____ final de la liga profesional de fútbol español.
(ripadot)

4. Ud. visitó las _____ famosas de Europa, como Barcelona.
(seducadi)

5. Tú fuiste al _____ para ver el partido conmigo.
(datosie)

6. Inés y sus amigos fueron a la _____ para tomar el sol.
(apayl)

7. Los Ramos fueron de cámping en el _____ cerca de un
(pocma)

_____ .
(goal)

8. El verano pasado fuimos de _____ a las montañas.
(conesaciva)

9. ¿Conoces tú un buen _____ para bucear?
(rugal)

10. Los Pacheco vieron una _____ de _____ en
(brao)   (arttoe)

Nueva York.

11. Ignacio visitó varios _____ de _____ .
(spuqaer)   (risevoseind)

12. Los Chacón visitaron el _____ _____ de
(urapeq)   (alincona)

Colorado.

A ver si recuerdas...

¡Nos gusta ir de vacaciones!

Use the elements given to tell what people like, want, and are going to do on vacation.

Modelo O Osvaldo (gustar)

_A Osvaldo le gusta ir de pesca_____.

1. Tú (encantar) _____

_____.

2. Yo (ir a) _____

_____.

3. Alejandro y Laura (preferir) _____

_____.

4. Ud. (desear) _____

_____.

5. Uds. (gustar) _____

_____.

6. Federico (querer) _____

_____.

7. Nosotros (deber) _____

_____.

8. Irene (pensar) _____

_____.

Nombre _____   Hora _____

Capítulo 8A   Fecha _____   Core Practice **8A–1**

Viajando en avión

Look at each drawing below, and write the words that best complete the sentence to describe it.

Para planear su viaje los señores Palacios hablan con un

Modelo   _____*agente de viajes*_____.

1. El _____ les sirve refrescos a los

_____ que tienen sed.

2. La _____ busca objetos prohibidos en las

_____ de los pasajeros.

3. Los señores Fuentes y sus hijos tienen que pasar por las

_____ de _____.

4. Señor, lo siento; Ud. no puede abordar sin _____

de _____ y un carnet de identidad.

5. Mariano y Teresa tienen que _____ su

_____ rápidamente.

6. A Felipe le gusta sentarse al lado de _____ para

ver el cielo.

7. Miguelito tiene muchas ganas de _____ .

Problemas y soluciones

Complete each mini-conversation about traveling in a logical manner.

Modelo — ¿Por qué tienes tanta prisa?

— Porque no hice una ____*reservación*____ y casi es hora de salir.

1. — Quiero ir de Nueva York a Caracas, pero sin hacer escala.

   — Voy a ver si hay un _____ entonces.

2. — ¡Hasta luego, mi hija!

   — No tenemos que despedirnos aquí, mamá. Podemos esperar hasta la puerta

   _____ .

3. — ¿Nuestro avión no ha llegado todavía?

   — No, hay un pequeño _____ .

4. — ¿Por qué siempre hacemos escala en este aeropuerto?

   — Porque esta _____ tiene todos sus aviones aquí.

5. — Nuestro vuelo es el 368, ¿verdad?

   — Sí, el vuelo 368 con _____ a Acapulco.

6. — ¿De dónde sale el vuelo número 455?

   — De la puerta número 20. ¿No oíste el _____ ?

7. — ¿Dónde está tu equipaje?

   — Lo están _____ ahora.

Capítulo 8A

Los viajes

Use the drawings below to answer the questions in complete sentences.

Modelo

¿Está abierta o cerrada la agencia de viajes?

La agencia de viajes está abierta _____.

¿Por qué no hay agentes en la agencia de viajes a las tres de la tarde?

1. _____.

¿Qué pasó con el tren de las cuatro?

2. _____.

¿Cuánto dura el viaje en tren desde Madrid a París?

3. _____.

¿Qué pasa en la puerta de embarque?

4. _____.

¿Quién aborda primero?

5. _____.

¿Por qué el pasajero no puede pasar por la aduana?

6. _____.

¿Hay muchos turistas en el aeropuerto? ¿Parecen extranjeros o no?

¿Por qué? _____

7. _____.

¿De quién se habla?

Read the following situations and answer the questions in complete sentences in the spaces provided.

1. Isabel pasa por las inspecciones de seguridad con los auxiliares de vuelo. Ella es la primera que aborda el avión. ¿Quién es ella?

   _____.

2. Rafael quiere hacer un viaje a Cancún. Planea un viaje de una semana porque tiene que volver al trabajo. ¿Qué tipo de boleto debe comprar?

   _____.

3. Los auxiliares me saludan: "¡Bienvenido a nuestra línea aérea, señor! ¿Tiene Ud. la tarjeta de embarque?" Paso por la puerta de embarque y abordo el avión. Tengo un asiento de ventanilla. ¿Quién soy?

   _____.

4. Sofía salió en avión de Chicago a las tres de la tarde. El vuelo duró dos horas y media. Llegó a San Francisco a las ocho de la noche. ¿Fue un vuelo directo o hizo escala?

   _____.

5. José espera a su amigo que viene en avión desde Colombia. José sabe que su amigo debe pasar primero por la inspección de seguridad. ¿Por dónde tiene que pasar su amigo después?

   _____.

6. Tengo mi pasaporte y mi tarjeta de embarque. Es mi primer viaje a un país extranjero. Tengo muchas ganas de visitar muchos museos." ¿Para qué está lista esta turista?

   _____.

7. "¡Uf! Primero esperé en la inspección de seguridad. Luego me dijeron que mi vuelo llega con retraso. Y ahora anuncian que el vuelo tiene problemas mecánicos. ¡Caramba!" ¿Qué necesita tener este pasajero?

   _____.

Ud. es agente de viajes

Answer the following questions using the cues provided. Follow the model.

Modelo   ¿Qué me recomiendas? (tomar el tren)
Te recomiendo que tomes el tren _____.

1. ¿Qué les sugieres a los pasajeros? (facturar el equipaje)

   _____.

2. ¿Qué les dices a los turistas? (hacer reservaciones en un vuelo directo)

   _____.

3. ¿Qué quieres que yo haga? (planear el viaje conmigo)

   _____.

4. ¿Qué le sugieres a Pablo? (usar mi teléfono)

   _____.

5. ¿Qué te recomienda la agente de viajes? (llegar mucho antes de la salida del vuelo)

   _____.

6. ¿Qué les dices a los pasajeros? (no llevar tanto equipaje)

   _____.

7. ¿En qué cosa insiste el agente? (decirle lo que nos interesa)

   _____.

8. ¿Qué les recomiendas a los turistas? (venir temprano por la mañana)

   _____.

¿Qué deben hacer?

Señor Estrada is advising his students about their upcoming trip to Madrid. Select the best response from the word bank and answer the students' questions in complete sentences. Follow the model.

Modelo   ¿Cómo debemos portarnos durante el viaje?

Chicos, quiero que *Uds. sean responsables* _____ .

~~ser responsable~~	darme tu pasaporte para verlo
ir en avión	saber lo que van a hacer todos los días
saber el horario de los aviones	ir a Toledo
darme tu dirección en Madrid	ser buenos turistas
estar en el aeropuerto dos horas antes de la salida del vuelo	

---

1. — ¿Cómo debemos viajar?

   — Madrid está lejos. Les recomiendo que _____ .

2. — No sabemos qué aviones hay para Madrid.

   — Chicos, les sugiero que _____ .

3. — ¿Ud. me puede escribir una carta, profesor?

   — Sí, Amalia. Quiero que _____ .

4. — ¿Cuándo debemos llegar al aeropuerto?

   — Bueno, prefiero que _____ .

5. — Creo que mi pasaporte está bien, pero no estoy segura.

   — En ese caso, Margarita, necesito que _____ .

6. — ¿Necesitamos planear bien nuestro viaje?

   — Sí. Insisto en que _____ .

7. — ¿Qué otras ciudades debemos visitar?

   — Recomiendo que _____ .

8. — ¿Cree Ud. que este viaje será un éxito?

   — Sí, chicos, quiero que _____ .

El día de la salida

The Galíndez family is getting ready to go on a trip. Use the cues provided to write what they are telling each other to do.

Modelo   cerrar las maletas

Marta, quiero que _____*cierres las maletas*_____.

1. ser paciente

Joselito, necesitamos que _____.

2. ir a casa de su amiga ahora

Lucía y Manuelito, les prohíbo que _____.

3. saber los números de nuestros vuelos

Paco, insisto en que _____.

4. buscar tu maleta ahora

Mamá, sugiero que Papá _____.

5. estar listos ahora

Roberto y Amalia, quiero que _____.

6. darle tu pasaporte a papá

Lucía, prefiero que _____.

7. sacar más juguetes ahora

Joselito, no permito que _____.

8. empezar a apagar las luces

Alberto, recomiendo que _____.

Repaso

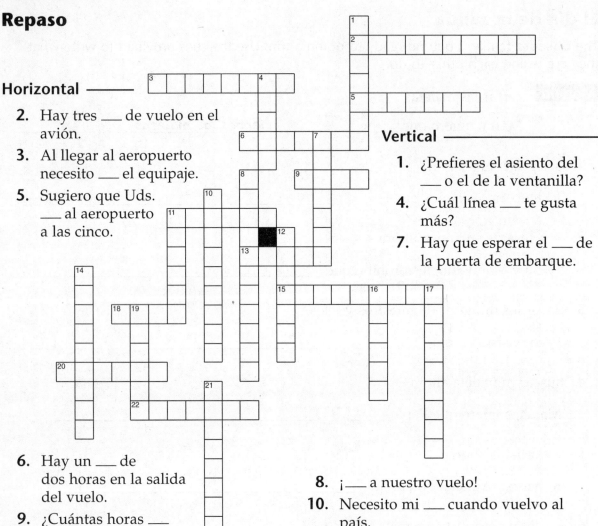

Horizontal

2. Hay tres ___ de vuelo en el avión.

3. Al llegar al aeropuerto necesito ___ el equipaje.

5. Sugiero que Uds. ___ al aeropuerto a las cinco.

6. Hay un ___ de dos horas en la salida del vuelo.

9. ¿Cuántas horas ___ el vuelo ayer?

11. El agente de viajes ___ nuestro viaje.

13. Es un ___ directo.

15. Dentro de diez minutos ___ más información.

18. ¿Quieres que yo ___ las maletas?

20. Te recomiendo que ___ paciencia.

22. El aduanero nos dice que ___ las maletas para ver qué tenemos.

Vertical

1. ¿Prefieres el asiento del ___ o el de la ventanilla?

4. ¿Cuál línea ___ te gusta más?

7. Hay que esperar el ___ de la puerta de embarque.

8. ¡ ___ a nuestro vuelo!

10. Necesito mi ___ cuando vuelvo al país.

11. Nos dicen que vayamos a la ___ de embarque.

12. Tomamos el vuelo 837 con ___ a Lima.

14. Hay trescientos ___ en el avión.

16. Hay que hacer ___ en Miami.

17. Te dicen que pases por las inspecciones de ___ .

19. Nos registran el equipaje en la ___ .

21. Prohíben que abordemos sin la tarjeta de ___ .

Organizer

I. Vocabulary

Items you need for a trip

_____

_____

_____

_____

_____

Words to talk about making travel plans

_____

_____

_____

_____

Words to talk about airports

_____   _____

_____   _____

_____   _____

_____   _____

II. Grammar

1. When do you use the subjunctive mood?

   _____

2. The subjunctive mood is formed in the same way as the _____ commands.

3. Give the present subjunctive forms of these verbs.

   ir   **ser**

   _____ _____   _____ _____

   _____ _____   _____ _____

   _____ _____   _____ _____

   dar   **saber**

   _____ _____   _____ _____

   _____ _____   _____ _____

   _____ _____   _____ _____

Haciendo una gira

Tell what these people are doing while on a tour during their vacation.

1. Mateo y Jacinta visitan el _____ donde viven los _____.

2. Emilia saca dinero del _____.

3. Nos encanta navegar en un _____.

4. Yo visité esta bella _____.

5. Los turistas prestan atención a la _____.

6. Diana le da _____ al joven que llevó su equipaje.

7. Tú y yo disfrutamos de hacer _____.

8. No es bueno hacer _____ en la habitación del hotel.

9. A los chicos les gusta _____.

Conversación: Dos turistas en Madrid

Read the conversation between Ana and Lola about their tour of Spain and then answer the questions.

ANA: Es bueno llegar temprano para poder empezar a conocer Madrid.

LOLA: De acuerdo. Según el itinerario, nos quedamos en Madrid cinco días pero creo que son pocos para verlo todo.

ANA: Quizás, pero hacemos una gira de toda la ciudad, entonces es bastante.

LOLA: Espero que vayamos al Palacio Real. ¡Quiero conocer al Rey!

ANA: ¡Qué cómica eres! Sí, vamos al palacio y después al Museo del Prado.

LOLA: Estupendo. Quiero ver esos bellos cuadros de Velázquez, el Greco y Goya. Necesitamos volver otro día para ver todo el museo.

ANA: Y para cenar nos llevan a un restaurante famoso que está en la Plaza Mayor. Si hace buen tiempo podemos comer al aire libre. Estoy muy emocionada.

LOLA: Según el itinerario, nos llevan a El Escorial el miércoles. Necesito leer un libro sobre el rey Felipe II y su palacio.

ANA: Y antes de ir a Toledo el día siguiente, voy a leer un libro sobre esta gran ciudad histórica.

LOLA: Dicen que la catedral más grande de España está en Toledo.

ANA: Es por eso que debemos leer más, no sólo sobre Madrid, pero sobre todo el país.

----

1. ¿Por qué dice Ana que cinco días es bastante para verlo todo en Madrid?

   _____ .

2. ¿Qué hay en el Palacio Real? ¿Cómo sabes?

   _____ .

3. Según el itinerario, ¿cuántos lugares van a ver en su primer día en Madrid?

   _____ .

4. ¿A Lola le gusta el arte español? ¿Cómo sabes?

   _____ .

5. ¿Las muchachas pueden disfrutar de la comida española? ¿En dónde?

   _____ .

6. ¿Sobre qué rey famoso van a aprender en El Escorial?

   _____ .

7. Según el itinerario, ¿cuántos días pasan entre su excursión a Toledo y la del Escorial?

   _____ .

8. ¿Qué monumento famoso hay en Toledo?

   _____ .

¿Qué es esto?

Read each of the following clues and write the vocabulary word or expression that is being described. Follow the model.

Modelo Es un edificio histórico, más grande que una iglesia. _____*una catedral*_____

1. Es otra manera de decir "quizás". _____

2. A veces esta persona se enoja cuando tratas de

    regatear en su tienda. _____

3. Para no ofender soy así con la gente. _____

4. Una persona puntual llega a la hora... _____

5. Es otra manera de decir "bonita". _____

6. Lo que haces en una casa de cambio. _____

7. Si no tienes dinero para alquilar una habitación doble,

    debes pedir una... _____

8. Tienes que conseguir la llave de tu habitación

    en la... _____

9. Si no puedes usar la escalera, debes preguntar si

    hay un... _____

10. Es otra manera de decir "divertirse". _____

11. Una persona que presta mucha atención es

    muy... _____

12. Para hacer esto en un lugar, normalmente necesitas

    una guía. _____

Ayudando a los turistas

You work at a tourist information center, and tourists have lots of questions today. Use the drawings to answer the questions in complete sentences. Follow the model.

Modelo No sabemos qué hacer ahora. ¿Qué quiere Ud. que visitemos?

Quiero que visiten la catedral _____.

 Buscamos una guía. ¿Dónde recomienda Ud. que la consigamos?

1. _____.

 ¿Qué me sugieres que haga en los mercados? No conozco la costumbre.

2. _____.

 ¿Qué me recomienda Ud.? Quiero comprar algo típico del país.

3. _____.

 Quiero escribirles a mis amigos, pero no tengo mucho tiempo. ¿Qué me sugiere Ud.?

4. _____.

 No podemos pagar dos habitaciones individuales. ¿Qué clase de habitación sugiere Ud. que pidamos?

5. _____.

 Hemos visto muchas catedrales. ¿Qué recomienda Ud. que visitemos ahora?

6. _____.

 Tengo dólares pero no tengo euros. ¿Adónde sugiere que yo vaya?

7. _____.

 No podemos entrar en nuestra habitación. ¿Qué necesitamos que el empleado nos dé?

8. _____.

Es bueno viajar

A. Choose from the verbs in parentheses to complete the expressions about travel. Underline the correct verb and write the appropriate form in the space provided. Follow the model.

Modelo   Es bueno que nosotros ____*observemos*____ las costumbres. (<u>observar</u> / ofender)

1. Es importante que Octavia _____ una gira. (cambiar / hacer)

2. Es necesario que nosotros _____ dinero en la casa de cambio. (cambiar / navegar)

3. Es mejor que Uds. _____ al palacio por la mañana. (ser / ir)

4. Es bueno que yo _____ al aeropuerto a tiempo. (llegar / regatear)

5. Es importante que tú _____ los lugares históricos. (saber / conocer)

6. Es necesario que Manolo _____ atento a las explicaciones de la guía. (estar / hacer)

B. Now, use an impersonal expression to create a sentence with the words given. Follow the model.

Modelo   los niños / ser cortés   <u>*Es bueno que los niños sean corteses*</u>.

1. los turistas / no hacer ruido en la catedral

   _____.

2. yo / salir a las ocho en punto

   _____.

3. tú / hacer la gira por la mañana

   _____.

4. el profesor / disfrutar del tiempo libre

   _____.

5. nosotros / conseguir un pasaporte

   _____.

Organizando las actividades

You are organizing a tour for a large group of tourists. Give the tourists advice based on the problems below. Choose an appropriate solution from the word bank and follow the model.

Modelo   No quiero llevar tanto dinero en efectivo.

Entonces es necesario que *consigas una tarjeta de crédito* _____.

~~conseguir una tarjeta de crédito~~	entender un poco de español
cerrar las ventanas	pedir más agua
jugar al fútbol en el parque	dormir un poco
recordar la dirección del hotel	sentarse unos minutos
no perder la llave	vestirse ahora mismo

---

1. Todavía tengo sed.

Entonces sugiero que _____.

2. Los chicos dicen que tienen sueño.

Entonces es bueno que _____.

3. Vamos a tener que entrar en nuestra habitación.

Entonces es importante que _____.

4. Hemos caminado tanto que nos duelen los pies.

Entonces es mejor que _____.

5. Las niñas todavía no están vestidas.

Entonces es necesario que _____.

6. Los invitados tienen frío.

Entonces sugiero que _____.

7. Queremos volver al hotel sin problemas.

Entonces es mejor que _____.

8. Los muchachos quieren hacer un poco de deporte.

Entonces recomiendo que _____.

9. Queremos conocer a la gente.

Entonces es mejor que _____.

Estoy de acuerdo

Write complete sentences to agree with each of the statements below. Follow the model.

Modelo	Yo creo que pueden venir. (es bueno)

  Es bueno que puedan venir _____.

1. Siempre vuelven temprano. (es mejor)

_____.

2. Todos almuerzan aquí. (preferimos)

_____.

3. Todo el mundo recuerda la hora de la cena. (es importante)

_____.

4. Quieren ver la catedral. (es bueno)

_____.

5. Se despiden de sus amigos. (insistimos en)

_____.

6. Siguen las instrucciones del guía. (es importante)

_____.

7. Nadie pierde su pasaporte. (no quiero)

_____.

8. Todo el mundo se divierte. (quiero)

_____.

9. Los turistas se despiertan temprano. (es necesario)

_____.

10. Pido la tortilla española. (recomiendas)

_____.

Repaso

Horizontal

4. ¿Te gusta ___ en bote de vela?

6. El ___ Felipe II vivía en El Escorial.

8. Nos gusta montar en la ___ acuática.

10. El autobús sale a la una en ___.

11. Te dan la llave en la ___.

13. Es bueno que tú ___ una gira en mayo.

14. Compro periódicos y revistas en el ___.

15. Es bueno que tú ___ un trabajo de guía.

17. Siguen un ___ de quince días.

18. Espero que Uds. ___ de la gira.

19. Esta ___ es típica del país.

20. Le dimos una ___ al camarero.

21. el ___; *elevator*

7. Los reyes viven en el ___.

9. Es importante que tú no ___ a nadie.

10. Se venden tarjetas ___ en el quiosco.

11. Es importante que Uds. no hagan ___.

12. Es necesario que Ud. sea ___, que no llegue tarde.

15. Es una ___ grande.

16. Los turistas están ___ a lo que les dice el guía.

Vertical

1. Es mejor que Uds. no ___ con el vendedor.

2. Lee la ___ para saber más sobre los castillos españoles.

3. Cambio dinero en el ___ automático.

5. ¿Ud. necesita una ___ doble o individual?

Organizer

I. Vocabulary

Places to visit in a city

_____

_____

_____

_____

Verbs/Phrases for things to do on trips

_____

_____

_____

_____

Words/Phrases about hotels

_____

_____

_____

_____

Words describing tourist behaviors

_____

_____

_____

_____

II. Grammar

1. Name four impersonal expressions that are often followed by the subjunctive.

_____ _____

_____ _____

2. How are **-ar** and **-er** stem-changing verbs different from **-ir** stem-changing verbs in the subjunctive?

_____

_____

3. Give the present subjunctive of these verbs:

recordar   perder

_____ _____

_____ _____

pedir   dormir

_____ _____

_____ _____

Nombre _____   Hora _____

Fecha _____   Core Practice **9A–A**

Capítulo 9A

A ver si recuerdas...

El mundo natural

Complete the following sentences based on the drawings.

1. Alfredo estudia los _____ y las _____ en un parque nacional.

2. Yo recojo las _____ de _____ en el parque.

3. Emilia y Ernesto esquían en las _____.

4. Es importante también reciclar las _____.

5. Los estudiantes separan _____ y _____.

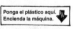

6. Margarita mira los _____ en el parque.

7. Yo sigo las instrucciones del _____.

8. Es importante reciclar el _____ roto porque es peligroso.

9. Los chicos nadan en _____.

© Pearson Education, Inc. All rights reserved.

A ver si recuerdas... **171**

Capítulo 9A

A ver si recuerdas...

Reciclando

Use the cues provided to answer the questions about what people do to help the environment. Follow the model.

Modelo   ¿Qué hace Alejandro en el centro de reciclaje? (seguir instrucciones)

Sigue las instrucciones del centro de reciclaje _____.

1. ¿Qué haces tú en casa? (recoger periódicos)

   _____.

2. ¿Qué hago yo en el parque? (conseguir botellas de plástico)

   (Tú) _____.

3. ¿Qué hacen Juan y Elena en el club? (enviar cartas a los políticos)

   _____.

4. ¿Qué hace Marta en la universidad? (seguir estudiando las ciencias naturales)

   _____.

5. ¿Qué hacen Raúl y Bárbara en casa? (no destruir el papel)

   _____.

6. ¿Qué haces tú en la comunidad? (escoger lugares para tirar el vidrio roto)

   _____.

7. ¿Qué hacen los trabajadores en el centro de reciclaje? (separar el plástico y el vidrio)

   _____.

8. ¿Qué hacen ustedes en la comunidad? (trabajar como voluntarios)

   _____.

9. ¿Qué hace Inés en la comunidad? (recoger la ropa usada)

   _____.

10. ¿Qué haces tú en casa? (reciclar las botellas)

    _____.

¿Qué profesión tienen?

Based on the descriptions below, decide what each person does for a living.

Modelo   A Felicia le gustan los animales. Ella es _____*veterinaria*_____ .

1. Lisa habla con mucha gente importante y discute productos nuevos para su

   compañía. Ella es _____ .

2. A Roberto le interesa la construcción de puentes y edificios. Él es

   _____ .

3. Rogelio va a trabajar en el campo con las plantas. Él va a ser

   _____ .

4. Nora envía cartas y paquetes todo el día. Ella es _____ .

5. A los hermanos Solís les gustan las matemáticas y les interesa construir edificios.

   Son _____ .

6. Mirna estudió derecho y ya era abogada. Ahora ella es _____ .

7. Marcelo repara coches. Es _____ .

8. Carmen trabaja en una compañía internacional, hablando por teléfono y

   escribiendo cartas. Ella es _____ .

9. Florencia trabaja en un laboratorio químico. Es _____ .

10. Julio estudia la ley en la universidad porque quiere ser _____ y

    luego _____ .

11. Serena sabe mucho de las computadoras y trabaja con ellas todos los días.

    Ella es _____ .

12. Vicente les dice a otros qué hacer cada día. Es el _____ de los

    empleados en una tienda.

¿Qué piensas estudiar?

Find out what Mildred, Lorena, Octavio, and Rafael want to study by completing their conversation with the words that correspond to the pictures in the bank.

MILDRED: Bueno, chicos, nos graduaremos el año que viene. ¿Saben qué _____

_____ van a tomar en _____?

LORENA: Bueno, yo pienso estudiar historia y ciencias sociales. Y después de

_____ de la universidad pienso seguir estudiando derecho

porque quiero ser _____ y algún día _____.

OCTAVIO: A mí me interesan muchas cosas. Si voy a la universidad pienso estudiar las

matemáticas. Me gustaría ser _____. También me gustaría ser

_____ porque me interesan los cursos donde aprendo de

computadoras.

RAFAEL: Pienso tomar muchas clases de ciencias. Después de graduarme de la univer-

sidad pienso estudiar medicina. Me gustaría ser _____ y

trabajar en un laboratorio. También me gustan los animales. Entonces puedo

ser también _____. Y tú, Mildred, ¿qué piensas estudiar?

MILDRED: Yo no sé qué carrera voy a seguir. Por eso voy a tomar clases de ciencias,

matemáticas, artes e idiomas. Para saber de todo.

LORENA: Entonces puedes ser _____ porque ellos saben de todo y a

ellos les gusta hablar como tú.

Cómo ganarse la vida

A. Read the following segment from Álvaro's essay that he has written about what kind of work he wants to do. Fill in the blanks with words from your vocabulary. Each dash represents a letter.

Yo quiero ganarme <u>l</u> <u> </u> <u> </u> <u> </u> <u> </u> <u> </u> como <u> </u> <u>u</u> <u> </u> <u> </u> <u>o</u> de mi propio
$\quad$ 4 $\;$ 15 $\quad$ 16 $\;$ 20 $\;$ 1 $\;$ 15 $\qquad$ 1 $\;$ 25 $\;$ 10 $\;$ 21 $\;$ 5

negocio. Me gustaría tener mi propia <u>o</u> <u> </u> <u> </u> <u>c</u> <u> </u> <u> </u> <u> </u>. También, quiero tomar
$\quad$ 5 $\;$ 13 $\;$ 20 $\;$ 6 $\;$ 20 $\;$ 11 $\;$ 15

mis propias decisiones, como cuál es el <u> </u> <u> </u> <u>l</u> <u> </u> <u> </u> <u> </u> <u>o</u> de mis empleados y
$\quad$ 7 $\;$ 15 $\;$ 4 $\;$ 15 $\;$ 2 $\;$ 20 $\;$ 5

cuáles son sus <u>b</u> <u> </u> <u> </u> <u> </u> <u> </u> <u>c</u> <u> </u> <u>o</u> <u> </u> de salud. Me gustaría tener un
$\quad$ 3 $\;$ 10 $\;$ 11 $\;$ 10 $\;$ 13 $\;$ 20 $\;$ 6 $\;$ 20 $\;$ 5 $\;$ 7

secretario o una secretaria que hable más que dos <u> </u> <u> </u> <u> </u> <u>o</u> <u> </u> <u> </u> <u> </u>, como una
$\qquad$ 20 $\;$ 1 $\;$ 20 $\;$ 5 $\;$ 19 $\;$ 15 $\;$ 7

secretaria brasileña que hable portugués, español y francés.

Para seguir esta <u>c</u> <u> </u> <u> </u> <u> </u> <u> </u> <u> </u> <u> </u> pienso estudiar un poco después
$\quad$ 6 $\;$ 15 $\;$ 2 $\;$ 2 $\;$ 10 $\;$ 2 $\;$ 15

de recibir mi diploma. Quiero tomar unos cursos en la

<u>u</u> <u> </u> <u> </u> <u> </u> <u> </u> <u> </u> <u> </u> <u> </u> <u> </u> <u> </u> <u> </u>. Sobre todo, quiero estudiar
25 $\;$ 11 $\;$ 20 $\;$ 16 $\;$ 10 $\;$ 2 $\;$ 7 $\;$ 20 $\;$ 1 $\;$ 15 $\;$ 1

<u> </u> <u> </u> <u> </u> <u>o</u> <u>c</u> <u> </u> <u>o</u> <u> </u> porque necesito saber tanto como sea posible de lo que
11 $\;$ 10 $\;$ 17 $\;$ 5 $\;$ 6 $\;$ 20 $\;$ 5 $\;$ 7

está pasando en mi <u> </u> <u> </u> <u>o</u> <u> </u> <u> </u> <u> </u> <u> </u> <u>ó</u> <u> </u> como hombre de negocios.
$\qquad$ 9 $\;$ 2 $\;$ 5 $\;$ 13 $\;$ 10 $\;$ 7 $\;$ 20 $\;$ 14 $\;$ 11

B. Each letter from Part A has a number that corresponds to it. Fill in the letters to answer the question.

— ¿Cuándo va a empezar la carrera de Álvaro?

— <u> </u> <u> </u> <u> </u> <u> </u> <u> </u> <u>é</u> <u> </u> <u> </u> <u> </u> <u> </u> <u> </u> <u>a</u> <u> </u> <u>a</u> <u> </u> <u> </u> <u> </u>
$\;\;$ 1 $\;$ 10 $\;$ 7 $\;$ 9 $\;$ 25 $\;$ 23 $\;$ 7 $\;$ 1 $\;$ 10 $\;$ 17 $\;$ 2 $\;$ 15 $\;$ 1 $\;$ 25 $\;$ 15 $\;$ 2 $\;$ 7 $\;$ 10

$\;$ <u> </u> <u> </u> <u>l</u> <u>a</u> <u> </u> <u> </u> <u> </u> <u>v</u> <u> </u> <u> </u> <u> </u> <u> </u> <u> </u> <u>a</u> <u> </u>
$\;\;$ 1 $\;$ 10 $\;$ 4 $\;$ 15 $\;$ 25 $\;$ 11 $\;$ 20 $\;$ 16 $\;$ 10 $\;$ 2 $\;$ 7 $\;$ 20 $\;$ 1 $\;$ 15 $\;$ 1

Un futuro interesante

A. Tell whether each of the following statements is **cierto** or **falso**. If it is false, rewrite it to make it true. Use the art to help you. Follow the model.

Modelo

Carla quiere seguir una carrera de artes.

Falso. Carla quiere seguir una carrera de negocios _____ .

1. Jorge quiere seguir una carrera de tecnología.

_____ .

2. Linda quiere seguir una carrera militar.

_____ .

3. Tito quiere seguir una carrera de negocios.

_____ .

4. Catrina quiere estudiar las ciencias para su profesión.

_____ .

5. Manolo quiere seguir una carrera de artes.

_____ .

6. Teresa quiere seguir una carrera de tecnología.

_____ .

B. Now, complete the following analogies based on what you know about professions. Follow the model.

Modelo el artista : las artes :: el científico : _____ *la tecnología* _____

1. la contadora : los negocios :: la abogada : _____

2. los edificios : la arquitecta :: los animales : _____

3. el cartero : el correo :: el secretario : _____

4. el contador : un hombre de negocios :: el pintor : _____

5. el empleado : el gerente :: el gerente : _____

Quiero saber qué haces

Complete the responses to the following questions. Follow the model.

Modelo   ¿Alfredo va a ser contador?

Sí, yo creo que _*será contador*_____.

1. ¿Tu hermana va a seguir una carrera de negocios?

Sí, me parece que _____.

2. ¿Juan Carlos va a trabajar de cartero?

Sí, creo que _____.

3. ¿Va a haber muchas oportunidades para usar el español?

Sí, pienso que _____.

4. ¿Tus primos van a graduarse este año?

Sí, estoy seguro de que _____.

5. ¿Uds. van a escoger un programa de estudios?

Sí, _____ el año siguiente.

6. ¿Tú vas a dibujar en la computadora?

Sí, creo que _____.

7. ¿Yo comprenderé el mundo de las artes?

Sí, yo sé que _____.

8. ¿Pedro y Carlota se van a casar?

Sí, yo digo que _____.

9. ¿Uds. van a asistir a la universidad?

Sí. Como sacamos buenas notas, _____.

Algún día

Read each of the problems below. Then, use the clues provided to tell each person what the future holds. Follow the model.

Modelo Ahora me es difícil conseguir trabajo. (encontrar un buen trabajo)

Algún día *tú encontrarás un buen trabajo* _____.

1. Todavía no he decidido qué cursos tomar. (saber qué quieres estudiar)

   Algún día _____.

2. No hay mucho trabajo ahora. (haber trabajos interesantes)

   Algún día _____.

3. Los Dávila quieren ser técnicos. (tener que asistir a una escuela técnica)

   Algún día _____.

4. Quiero que tú y yo vayamos a comer al campo. (hacer un picnic)

   Algún día _____.

5. Nuestros primos nunca nos visitan. (poder venir a vernos)

   Algún día _____.

6. Siempre tenemos tanta prisa tú y yo que no podemos hacer nada. (tener tiempo para todo)

   Algún día _____.

7. Te es muy difícil aprender las palabras nuevas. (saber todo el vocabulario)

   Algún día _____.

8. No hay muchos profesores en nuestro colegio. (haber más profesores)

   Algún día _____.

9. Tengo que buscar trabajo. No puedo seguir estudiando después de graduarme. (poder ir a la universidad)

   Algún día _____.

10. Hace diez años que no eres el personaje principal. (hacer el papel de galán)

    Algún día _____.

Nombre _____   Hora _____

Fecha _____   Core Practice **9A–7**

Los primeros días en la universidad

Ricardo has just arrived at the university where his cousin Manuel is a third-year student. Complete their conversation with the future tense of the verbs in parentheses. The first one has been done for you.

RICARDO: ¡Qué grande es la universidad, Manuel! Seguro que ___*me perderé*___

(perderse) mucho.

MANUEL: No, no _____ (perderse). Pronto todo _____ (ser)

normal para ti.

RICARDO: Y todavía necesito decidir qué clases _____ (tomar).

MANUEL: _____ (Tener) que hablar con un representante de la

universidad. Él _____ (saber) lo que necesitas estudiar.

RICARDO: Y, ¿crees que _____ (estar) contento en mi habitación?

MANUEL: Estoy seguro de que te _____ (gustar) tu habitación.

RICARDO: ¿Piensas que yo _____ (poder) hacer toda la tarea?

MANUEL: Claro que sí. Siempre has sido un buen estudiante. No _____

(haber) problema.

RICARDO: No conozco a nadie aquí. ¿Qué _____ (hacer) para divertirme?

MANUEL: Tú _____ (conocer) a mucha gente y _____

(divertirse) mucho. Yo te _____ (presentar) a todos mis amigos.

Nosotros _____ (ir) a muchos lugares juntos.

RICARDO: Gracias, Manuel. Ya tengo menos miedo que antes.

MANUEL: No tienes por qué estar nervioso. Yo sé que _____ (tener) mucho

éxito en la universidad.

Repaso

Horizontal

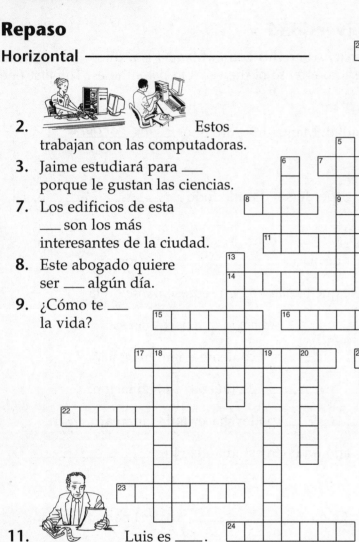

2. Estos ___ trabajan con las computadoras.

3. Jaime estudiará para ___ porque le gustan las ciencias.

7. Los edificios de esta ___ son los más interesantes de la ciudad.

8. Este abogado quiere ser ___ algún día.

9. ¿Cómo te ___ la vida?

11. Luis es ___.

14. Pepe va a la universidad o a una ___ técnica.

15. Tus cuadros son bellos. Eres un buen ___.

16. Mi trabajo es excelente, con un buen salario y ___.

17. A Pilar le gustan los animales. Será ___.

21. Roberto recibe un ___ muy bueno ahora.

22. El ___ acaba de entregarme las cartas.

23. ¿Qué ___ quieres seguir en la universidad?

24. Ricardo quiere ser abogado. Estudia ___.

Vertical

1. La secretaria habla inglés y español. Es ___.

4. Me ___ de la universidad el año que viene.

5. Consuelo seguirá un ___ de estudios en los negocios.

6. Daniel es ___ de su propio negocio.

10. ¿Qué harán Uds. en el ___?

12. Si quiere hablar con el gerente vaya a su ___.

13. Este hombre de ___ tiene mucho éxito.

18. Victoria ha escrito varios libros. Es una ___ famosa.

19. El ___ vende sus manzanas y tomates en el mercado.

20. ¿Estudias español u otro ___?

Organizer

I. Vocabulary

Professions in science and technology

_____

_____

_____

_____

_____

Professions in law and politics

_____

_____

_____

_____

Professions in business

_____

_____

_____

_____

Words to talk about the future

_____

_____

_____

_____

II. Grammar

1. Give the future tense forms of these verbs.

   trabajar   **seguir**

   _____ _____   _____ _____

   _____ _____   _____ _____

   _____ _____   _____ _____

2. Give the **yo** form of the future tense of these verbs:

   saber _____   hacer _____

   poder _____   tener _____

Repaso del capítulo ▬ *Vocabulario y gramática* **181**

El medio ambiente

Use the drawings to complete the following sentences about environmental problems.

1. El agua _____ es un problema grave en esta ciudad. No es buena para la salud.

2. Ciertos animales están en _____ de _____. Debemos protegerlos.

3. Se debe reducir el uso de _____. Necesitamos usar otras fuentes de energía.

4. Ocurre aire contaminado por casi todo el medio _____.

5. Puede haber contaminación en las _____.

6. Hay que proteger la belleza de _____, como los bosques y los desiertos.

7. Estos jóvenes participan en un grupo _____. Hablan de los problemas del medio ambiente.

8. Tenemos que luchar contra la contaminación de _____.

La ecología

A. Complete the following sentences by choosing the best verb and writing the correct form in the space provided. Follow the model.

Modelo Es necesario que los países ___*encuentren*___ otras fuentes de energía. (encontrar / eliminar)

1. Es importante que nosotros _____ los animales que están en peligro de extinción. (reducir / proteger)

2. Los científicos tratan de _____ la situación ecológica. (luchar / mejorar)

3. Es necesario que los miembros del grupo ecológico _____. (juntarse / resolver)

4. Muchos países _____ contra la destrucción del medio ambiente. (luchar / destruir)

5. Es necesario _____ la contaminación del aire. (proteger / eliminar)

6. Tenemos que _____ la contaminación del agua. (reducir / usar)

7. Es malo que sigamos _____ los bosques. (proteger / destruir)

8. El pueblo _____ el problema del agua contaminada. (resolver / luchar)

B. Complete the conversation between Paula and Marco about their environmental group. Not all of the words will be used.

luchar	fuentes	nos juntamos
medio ambiente	grave	resolver
reducir	contaminación	ecológico

PAULA: Hoy nosotros _____ con el grupo _____ de la comunidad, ¿verdad?

MARCO: Sí, es importante que haya una reunión todas las semanas porque tenemos muchos problemas que _____.

PAULA: Es cierto, Marco. Tenemos que _____ contra la destrucción de nuestro _____. Es un problema muy _____.

MARCO: Yo sé que Felipe querrá hablar de la contaminación del aire.

PAULA: Y Lidia piensa hablar de la _____ del agua. A Leonardo le interesa la idea de buscar otras _____ de energía.

Vocabulario en contexto **183**

La ecología y un mundo mejor

Read the following sentences carefully and complete them with the logical word or phrase.

Modelo   En el metro viajan muchas personas. En el coche viajan pocas.

El metro es más _____*eficiente*_____ .

1. Cuesta poco ir en autobús. El autobús es _____ .

2. Hace tanto calor hoy. Tenemos que encender _____ para poder trabajar.

3. Siempre dejas las luces encendidas. Apágalas para _____ energía.

4. Hay mucha basura en este lago. No tiene agua _____ .

5. Si reduces el uso de electricidad, vas a _____ dinero.

6. La energía solar viene del calor del sol. El sol puede ser una buena _____ de energía.

7. Hay mucha luz esta noche. No hay nubes y _____ está llena. ¡Es tan bonita!

8. Vivo en Jacksonville, Florida, pero en el invierno hace tanto frío que tengo que encender _____ .

9. Muy cerca del ecuador en América del Sur, hay muchas _____ con plantas y árboles.

10. Ellos dejaron la gran ciudad para mudarse a un _____ pequeño.

11. Mucha gente muere durante las _____ entre los países.

12. Cuando un país no lucha contra otro, hay _____ entre los países.

Nombre _____

Hora _____

Fecha _____

Core Practice **9B–4**

Problemas del medio ambiente

Answer the following questions in complete sentences based on the drawings.

1. ¿Cuál es una de las causas más graves del calentamiento del mundo?

_____.

2. ¿Qué podemos hacer para conservar los bosques?

_____.

3. ¿Cuál es una manera de ahorrar la energía y reducir el aire contaminado?

_____.

4. ¿Qué es necesario para resolver los problemas políticos del mundo?

_____.

5. Si la Tierra se contamina demasiado, ¿qué más podemos hacer?

_____.

6. ¿Dónde es un lugar perfecto para usar la calefacción solar?

_____.

7. ¿Por qué es necesario reducir el uso del petróleo?

_____.

Capítulo 9B

Nuestro medio ambiente en el futuro

Students are talking about what the environment is like today. They are pessimistic about tomorrow. Use the cues provided to tell what they think things will be like. Follow the model.

Modelo Hoy podemos nadar en este río.

El año que viene *no podremos nadar aquí* _____ .

1. Hoy hay muchos bosques grandes.

   Dentro de 20 años _____ .

2. Hoy todos dicen que nuestra región es bonita.

   Dentro de cinco años _____ .

3. Hoy vienen muchos turistas a nuestras playas.

   Dentro de diez años _____ .

4. Hoy es posible eliminar la contaminación.

   El año que viene _____ .

5. Hoy muchos tienen calefacción solar.

   En el futuro _____ .

6. Hoy los estudiantes salen a recoger basura.

   La semana que viene _____ .

7. Hoy ponemos plantas en la sala de clases.

   El mes que viene _____ .

8. Hoy hacemos un esfuerzo por proteger el medio ambiente.

   Mañana _____ .

9. Hoy quiero ayudar a los otros estudiantes.

   Mañana _____ .

No estoy de acuerdo

Disagree with the following statements using the expressions of doubt in parentheses. Follow the model.

Modelo   Estoy seguro que no protegen la selva tropical. (es imposible)

Es imposible que no protejan la selva tropical _____ .

1. Creo que resuelven estos problemas ecológicos. (dudamos)

_____ .

2. Los estudiantes se juntan para conservar la naturaleza. (no creo)

_____ .

3. El grupo ecológico no tiene éxito. (es imposible)

_____ .

4. No reducen el uso de electricidad. (es posible)

_____ .

5. Creo que destruyen los bosques. (no creo)

_____ .

6. Dicen que estos animales están en peligro de extinción. (no estamos seguros)

_____ .

7. Piensan que hay soluciones fáciles. (no creemos)

_____ .

8. Creo que es difícil mejorar la situación del agua. (no es cierto)

_____ .

9. Dicen que se puede eliminar toda la contaminación. (dudo)

_____ .

Capítulo 9B

Conversando sobre el medio ambiente

Óscar el optimista and **Pilar la pesimista** are discussing environmental issues. Under each topic, write what each would say using the appropriate tense. Follow the model.

Modelo poder resolver el problema de la contaminación

ÓSCAR: *Yo digo que podrán resolver el problema de la contaminación en el futuro* .

PILAR: *Dudo que puedan resolver el problema de la contaminación en el futuro* .

1. salvar los animales

ÓSCAR: _____ .

PILAR: _____ .

2. reducir la contaminación

ÓSCAR: _____ .

PILAR: _____ .

3. mejorar el agua

ÓSCAR: _____ .

PILAR: _____ .

4. haber pocos problemas con el medio ambiente

ÓSCAR: _____ .

PILAR: _____ .

5. pasar leyes estrictas sobre la contaminación

ÓSCAR: _____ .

PILAR: _____ .

6. proteger los bosques

ÓSCAR: _____ .

PILAR: _____ .

7. haber menos contaminación del aire

ÓSCAR: _____ .

PILAR: _____ .

8. usar otras fuentes de energía

ÓSCAR: _____ .

PILAR: _____ .

Repaso

Horizontal

8. La gente está preocupada por la ___ del aire.

11. Nuestros amigos viven en un ___ pequeño.

13. Hay que ___ contra la destrucción del medio ambiente.

14. La contaminación del aire es un problema ___.

18. Vamos a encender el aire ___.

19. Ciertos animales están en ___ de extinción.

20. Se encuentran plantas interesantes en la ___ tropical.

22. Es necesario ___ los problemas ecológicos.

Vertical

1. El aire acondicionado no ___ bien hoy.

2. Hay que ___ el uso de la electricidad.

3. Los chicos se ___ ayer para hablar de la guerra.

4. Se encuentra poca agua en el ___.

5. Es importante que busquemos otras ___ de energía.

6. La ___ se ve muy grande esta noche.

7. Los estudiantes hablan de la contaminación en su club ___.

9. Se habla mucho del ___ ambiente.

10. Otra fuente de energía es la ___ solar.

11. El agua que viene del bosque es muy ___.

12. Puedes ___ dinero si usas menos electricidad.

15. Tratan de ___ la contaminación del aire.

16. Es una ___ eficiente y económica de resolver el problema.

17. No se debe beber el agua ___.

19. Debemos ___ la belleza de la naturaleza.

21. Se ve el ___ muy bien desde esta colina.

Organizer

I. Vocabulary

Words to talk about the landscape	Words to talk about energy
_____	_____
_____	_____
_____	_____
_____	_____
_____	_____

Nouns pertaining to the environment	Verbs pertaining to the environment
_____	_____
_____	_____
_____	_____
_____	_____

II. Grammar

1. Give the appropriate form of the future tense of these verbs.

   salir (yo) _____ **poner** (Uds.) _____

   decir (tú) _____ **querer** (nosotros) _____

   venir (Ud.) _____

2. Why do you use the subjunctive after **No es cierto que** but the indicative after **Es cierto que**?

   _____

   _____

3. List three expressions of doubt that are followed by the subjunctive.

   _____

   _____

Fecha _____

Vocabulary Flash Cards

Nombre _____

Hora _____

Nombre

Hora

Vocabulary Flash Cards

Fecha

Vocabulary Flash Cards

Nombre _____

Fecha _____

Hora _____

Vocabulary Flash Cards

Fecha _____

Nombre _____

Hora _____

Vocabulary Flash Cards

Fecha _____

Hora _____

Nombre _____

Vocabulary Flash Cards

Fecha

Nombre

Hora